世界地理一本通

SHIJIEDILI YIBENTONG

张利军◎主编

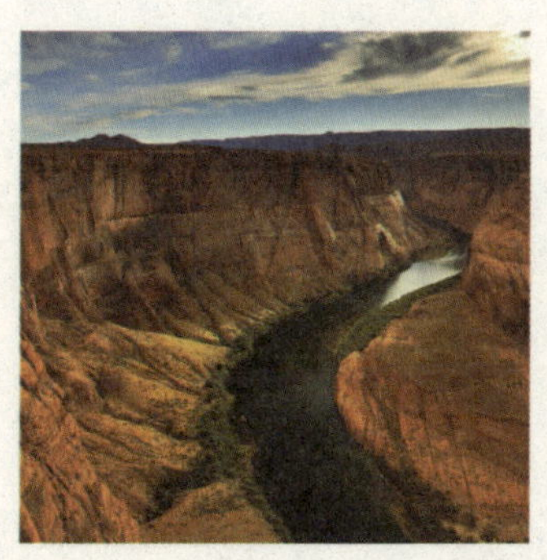

国防大学出版社

北京

图书在版编目（CIP）数据

世界地理一本通／张利军主编. —北京：国防大学出版，2012.1
（中国青少年百科系列丛书）
ISBN 978-7-5626-1879-9

Ⅰ.①世… Ⅱ.①张… Ⅲ.①地理—世界—青年读物 ②地理—世界—少年读物 Ⅳ.①K91-49

中国版本图书馆 CIP 数据核字（2011）第 062312 号

国防大学出版社出版发行
（北京市海淀区红山口甲 3 号）
邮编：100091 电话：(010) 66772856

北京爱丽精特彩印有限公司印刷 新华书店经销
2012 年 1 月第 1 版 2012 年 11 月第 2 次印刷
开本：720 毫米×1000 毫米 1/16 印张：11 字数：228 千字
印数：1—8000 册 定价：29.50 元

前言

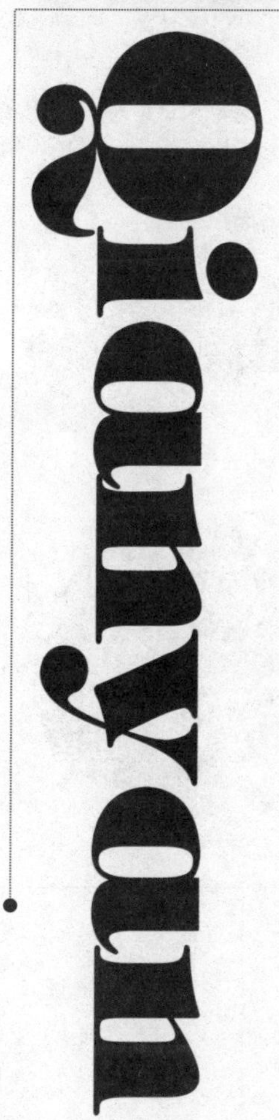

地球是我们赖以生存的家园，对于生活在地球上的人类必须要认识到了解世界地理知识的重要性。地球的表面大部分是海洋覆盖，陆地只占一少部分。地球表面积约为51000万平方千米，其中海洋面积约有36000万平方千米。也就是说地球的表面七分是海洋，三分是陆地。

陆地被海洋分隔成大小不等的许多块，通常情况下，大面积的陆地叫做大陆，而小块陆地则称为岛屿。大陆及其附近的岛屿合称为洲。而地表的海洋之间也是相通的，形成了统一的世界大洋。世界四大洋间其实并没有什么特定的界线，通常是用水下的某个海岭或某条经线为分界。

地球地表高低起伏较大，形态更是变化多端、多姿多彩。陆地地形通常分为五大类型，即平原、高原、盆地、山地和丘陵。它们分别以不同的形态和规模在各大陆上交互分布，共同构成地表崎岖不平的外貌。

陆地上的平原，一般都位于大陆的中部，平原的两侧多被高山环绕，如中欧平原、西西伯利亚平原等。而有的平原分布于高原之间，多为大河冲积而成，如位于中东的美索不达米亚平原、印度河-恒河平原。陆地上还分布着大片的高原，如亚欧大陆的中西伯利亚高原、阿拉伯高原、巴西高原等。

《世界地理一本通》从世界的七大洲、四大洋出发，对世界各大洲的地形、自然环境、自然资源及一些典型的平原、高原、山脉、半岛等自然地理环境做了详细的介绍。同时也介绍了各大洲的居民、经济及主要国家等人文地理情况。本书是一本科普性极强的书，在内容上做到了既有全面，又有重点，让读者在全面了解了世界地理概况的基础上，同时也掌握了许多重要的地理知识。

编　者

目录 Mulu

第01章 亚洲

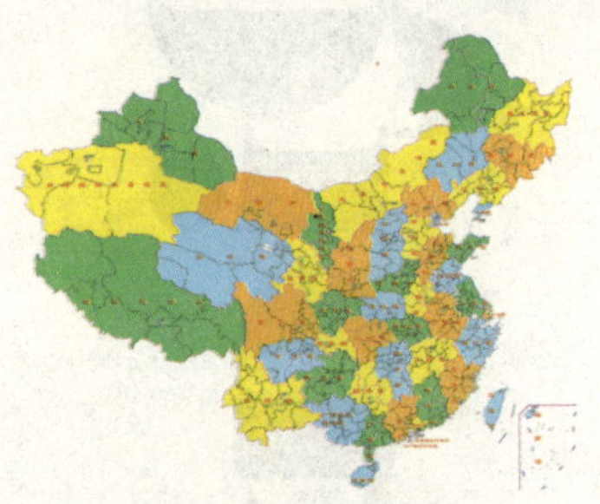

第02章 非洲

第03章 欧洲

第04章 北美洲

第05章 南美洲

第06章 大洋洲

第07章 南极洲

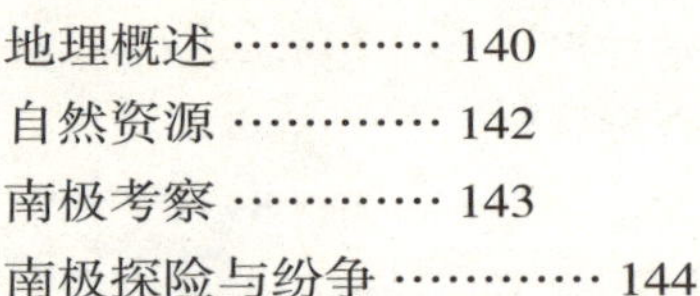

第08章 太平洋

第09章 大西洋

第10章 印度洋

第11章 北冰洋

第01章 亚洲

亚洲为世界第一大洲，其三面环海，东临太平洋，南濒印度洋，北达北冰洋。面积约为 4400 万平方千米，占全球陆地总面积的 29.4%。亚洲地形较为复杂，以高原、山地为主。自然资源丰富，是各类矿产资源的富集区，同时森林、渔业资源也较为丰富。亚洲也是个人口大洲，中国和印度都是人口大国，该洲约有 35.13 亿人口，占世界总人口的 60%。

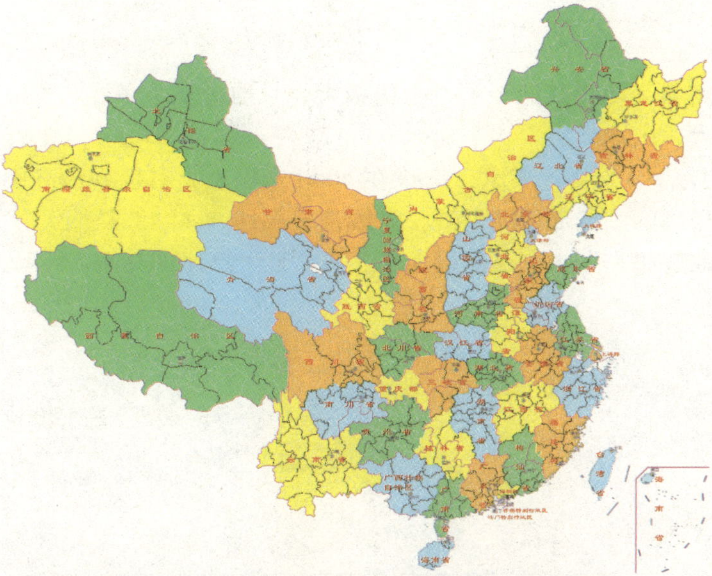

地理概述

当我们打开世界地图仔细观察，就会很快发现一件事情，那就是全亚洲的面积被高原和山地占了3/4，也就是说亚洲大陆的主要地貌特征就是高原和山地。因为高原和山地大部分都集中在整个亚洲的中部，平均海拔高度达到了4000米以上，但是边缘地区的海拔却大部分都在200米以下，这就形成了亚洲地形中部高而四周低的又一个特点。既有海拔高达8844.43米的珠穆朗玛峰，也有海拔低至-400米的平原与洼地，亚洲地势之复杂多样由此可见一斑。

◎亚洲地形的特点

亚洲地形最主要的特点就是地势高低不等，起伏极大，且地形复杂多样。平原肥沃，高原宽广，盆地巨大，山地高峻。

高的有被称作“世界屋脊”的青藏高原，海拔在4000米以上，有世界最高山脉喜马拉雅山，还有世界最高的山峰珠穆朗玛峰，海拔甚至高达8844.43米。

低的有深达10497米的菲律宾海沟，还有湖面低于海平面392米的死海。

从上面的几个数字我们可以看出，从最高的珠穆朗玛峰到最低的菲律宾海沟，高低相差竟然几乎达 20000 米。

亚洲地形与其他几个大洲不同的第二个特点就是它的高原和山地较多，大约占到了全亚洲总面积的 3/4。因为亚洲大陆的平均海拔高约 950 米，所以说除了冰天雪地少人居住的南极洲以外，它是世界上地势最高的一个大洲了。

亚洲的地形有中部高、边缘低的特点，地势也是从中部往四周辐射，这正是亚洲大陆的第三个特征。如果从地图上看你就能发现，亚洲大陆很像一朵盛开的花朵，如果把中部的帕米尔高原比作这朵花的花心，那么一列列以这里为中心向四周绵延的山脉，就是这朵花的第一层花瓣。从帕米尔高原向西延伸出的山脉主要有兴都库什山脉、苏来曼山脉等，向东延伸出的主要有昆仑山脉，向东北延伸出的主要有天山山脉，向东南延伸出的主要有喜马拉雅山脉。同时高原和盆地也分布在这几支向外延伸的巨大山脉之间，它们主要是，蒙古高原、青藏高原、伊朗高原、准噶尔盆地、塔里木盆地和柴达木盆地等。除此外，在亚洲的南部还有阿拉伯高原和德干高原，北部有中西伯利亚高原，西部有安纳托利亚高原。

◎地理区域

1. 东亚

东亚一般指的是亚洲的东部，主要包括中国、朝鲜、韩国、日本和蒙古等国家。其面积约为 1170 万平方千米。人口为 13 亿多。地势西高东低，分为 4 个阶梯。中国西南部最高，被称为“世界屋脊”的青藏高原就在这里，平均海拔在 4000 米以上。东南部主要为季风区，属温带阔叶林气候和亚热带森林气候；西北部属大陆性温带草原、沙漠气候；西南部属山地高原气候。5～10 月东部沿海易受台风影响。东亚农作物众多，是稻、薯蓣、穈子、荞麦、大豆、苎麻、茶、油桐、漆树、柑橘、桂圆、荔枝、人参等栽培植物的原产地。所产稻谷占世界稻谷总产量的 40%以上，茶叶占世界总产量的 25%以上，大豆占世界总产量的 20%。

2. 东南亚

东南亚一般是指亚洲东南部地区，主要包括越南、老挝、柬埔寨、缅甸、泰国、马来西亚、新加坡、印度尼西亚、菲律宾、文莱、东帝汶等国家和地区。面积约 448 万平方千米。人口约 4.5 亿。地理上包括中南半岛和马来群岛两大部分。是世界上火山最多的地区之一。群岛区和中南半岛的南部属热带雨林气候，中南半岛北部山地属亚热带森林气候。矿物以锡、石油、天然气、煤、镍、铝土矿、钨、铬、金等为主。东南亚是柠檬、黄麻、丁香、豆蔻、胡椒、香蕉、槟榔、木菠萝、马尼拉麻等热带栽培植物的原产地，盛产稻米、橡胶、香料、柚木、木棉、金鸡纳霜及热带水果。其中有“火山国”之称的印度尼西亚是世界上火山最多的国家。

3. 南亚

南亚一般是指亚洲南部地区，主要包括斯里兰卡、马尔代夫、巴基斯坦、印度、孟加拉国、尼泊尔、不丹等国家。面积约 437 万平方千米。人口达 10 亿以上。

北部和中部平原基本上属亚热带森林气候，德干高原及斯里兰卡北部属热带草原气候，印度半岛的西南端、斯里兰卡南部和马尔代夫属热带雨林气候，印度河平原属亚热带草原、沙漠气候。矿物资源以铁、锰、煤最为丰富。南亚是芒果、蓖麻、茄子、香蕉、甘蔗，以及莲藕等栽培植物的原产地。所产黄麻、茶叶约占世界总产量的1/2左右。而所产的稻米、花生、芝麻、油菜籽、甘蔗、棉花、橡胶、小麦和椰子等也在世界上占有重要的地位。

4. 西亚

西亚又叫做西南亚，一般是指亚洲的西部，包括阿富汗、伊朗、土耳其、塞浦路斯、叙利亚、黎巴嫩、巴勒斯坦、约旦、伊拉克、科威特、沙特阿拉伯、也门、阿曼、阿拉伯联合酋长国、卡塔尔、巴林、格鲁吉亚、亚美尼亚和阿塞拜疆等国家。面积约700多万平方千米。人口约2亿。西亚高原广布，北部多山脉。北部山地高原与南部阿拉伯半岛之间为幼发拉底河和底格里斯河冲积而成的美索不达米亚平原。气候干燥，南部沙漠面积广大。西亚的地中海、黑海沿岸地区和西部山地属地中海气候，东部和内陆高原属亚热带草原、沙漠气候，阿拉伯半岛的大部分地区属热带沙漠气候。西亚的石油储量和产量均在世界上占重要的地位。

5. 中亚

中亚一般是指中亚细亚地区，狭义上讲只包括土库曼斯坦、乌兹别克斯坦、吉尔吉斯斯坦、塔吉克斯坦四国的全部范围和哈萨克斯坦的南部区域。中亚东南部为山地，地震频繁，属山地气候；其余地区为平原和丘陵，沙漠广布，气候干旱，属温带和亚热带沙漠、草原气候。矿物以天然气、石油、煤、铜、铅、锌、汞、硫磺和芒硝为主。中亚是豌豆、蚕豆、苹果等栽培植物以及卡拉库尔绵羊的原产地。出产棉花、烟草、稻米、蚕丝、羊毛和葡萄、苹果等。

6. 北亚

北亚一般是指俄罗斯的西伯利亚地区。西部为西西伯利亚平原，中部为中西伯利亚高原和山地，东部为远东山地。极圈以北属寒带苔原气候，其余地区属温带针叶林气候。河流结冰期达6个月以上。矿物以石油、煤、铜、金、金刚石为主。出产麦类、马铃薯、亚麻和木材等。

自然环境及自然资源

亚洲海岸线全长69900多米，绵延曲折，是世界上最长的海岸线。亚洲海岸类型复杂，矿产种类繁多，储量大。其中石油、铁、锡等储量居世界首位；森林总面积约占世界可开发森林总面积的13%；可开发水力资源年可发电量达26000亿千瓦时，约占世界可开发水力资源量的27%；沿海渔场面积约占世界沿海渔场总面积的40%。亚洲可谓是资源丰富、环境优美的世界大洲。

◎自然环境

亚洲多半岛和岛屿，是世界上半岛面积最大的大洲。阿拉伯半岛为世界上最大的半岛（面积约300万平方千米）。加里曼丹岛为世界第三大岛。亚洲地形总的特点是地表起伏很大，崇山峻岭汇集于中部，山地、高原和丘陵约占全亚洲面积的3/4。全亚洲平均海拔950米，是世界上除南极洲外地势最高的大洲。亚洲大致以帕米尔高原为中心，向四个方向各伸出一系列高大的山脉，最高大的是喜马拉雅山脉。在各高大山脉之间还有很多面积广大的高原和盆地，另外还有广泛的平原，平均分布在山地、高原的外侧。

世界上的海拔8000米以上的高峰都在亚洲镜内。这些高峰均分布在喀喇昆仑山脉和喜马拉雅山脉地带，其中世界最高峰珠穆朗玛峰海拔高达8844.43米。亚洲有世界上最低的洼地和湖泊——死海（湖面低于地中海海面392米），还有被称为“世界屋脊”的青藏高原。亚洲是世界上火山最多的大洲。东部边缘海外围的岛群是世界上火山最多的地区。东部沿海岛屿、中亚和西亚北部地壳运动频繁。亚洲的许多大河发源于中部山地，分别注入太平洋、印度洋和北冰洋。内流区主要分布在亚洲中部和西部。亚洲最长的河流是长江，长6397千米；其次是黄河，长5464千米；湄公河长4500千米。最长的内流河是锡尔河（2991千米），其次是阿姆河和塔里木河（2179千米）。而且位于亚洲的贝加尔湖不只是亚洲最大的淡水湖，还是世界上最深的湖泊。

亚洲的气候类型比较复杂，它地跨寒、温、热三带，其基本特征为大陆性气候比较强烈，季风性气候较典型。在北部沿海地区属寒带苔原气候；西伯利亚大部分地区属温带针叶林气候；东部靠太平洋的中纬度地区属亚洲地形图季风气候，向南过渡到亚热带森林气候。东南亚和南亚属热带雨林气候和热带季风气候，赤道附近多属热带雨林气候。中亚和西亚大部分地区属沙漠和草原气候。西亚地中海沿岸属亚热带地中海气候，西伯利亚东部的上扬斯克和奥伊米亚康最低气温曾达–71℃，是北半球气温最低的地方。总之亚洲的气候类型很复杂，并且是多种多样的。

◎自然资源

亚洲矿产资源的种类非常多，并且很丰富。其主要矿藏有煤、铁、石油、锡、钨、锑、铜、铅、锌、锰、菱镁矿、金、石墨、铬等。其中石油、锡、菱镁矿、铁等的储量均居世界首位，锡矿储量约占世界锡矿总储量60%以上。亚洲的森林面积约占世界森林总面积的13%。可利用的水资源也极丰富。另外亚洲沿海渔场面积约占世界沿海渔场总面积的40%，而著名的渔场主要分布在亚洲东部沿海，这些渔场分别为中国的舟山群岛渔场、台湾岛渔场和西沙群岛渔场，以及鄂霍次克海渔场、北海道渔场、九州渔场等。主要出产鲑鱼、鳟鱼、鳕鱼、鲣鱼、鲭鱼、小黄鱼、大黄鱼、带鱼、乌贼、沙丁鱼、金枪鱼、马鲛鱼以及鲸等。中国渔场面积占世界渔场总面积的近1/4。

虽然亚洲的森林面积只占世界森林总面积的13%，但已经有2/3的木材进行了开发，并且令人欣慰的是人工造林有了一定的发展。俄罗斯的亚洲地区、中国的东北部、朝鲜的北部是针叶林分布广阔的地区，蓄积量丰富，珍贵树种很多。中国的华南、西南、喜马拉雅山南坡，日本山地南坡的植物特别丰富，除普通阔叶树种外，还有棕榈、蒲葵、杉属、水杉属等树种。东南亚的热带森林在世界森林中占重要地位，以恒定、丰富的植物群落著称。其主要树种是龙脑香科，还有树状蕨纲、银杏、苏铁等“活化石”。亚洲草原的面积约占世界草原面积的15%。其可开发水资源量占世界的27%，据估计，亚洲各国年可发电量达26000亿度。

居民及经济概况

亚洲是人口最多的一个洲，人口总数为40亿，占全世界人口的60%。除日本、新加坡、韩国等国家外，亚洲大多数国家的经济以农业、矿业为主。各国、各地区工业发展水平和部门、地域结构差异显著，绝大多数国家工业基础薄弱。主要以采矿业、农产品加工业及纺织业为主。

◎居民

据统计，到2007年上半年，亚洲的人口为35.13亿，世界人口为65.67亿，亚洲人口占世界人口的一半以上。人口在1亿以上的亚洲国家有中国、印度、印度尼西亚、日本、孟加拉国和巴基斯坦。其中城市人口占全亚洲人口的18%。人口分布以中国东部、日本太平洋沿岸、爪哇岛、恒河流域、印度半岛南部等地最为密集，达每平方千米300人以上。在亚洲的众多国家中，人口最多的国家是中国，印度为第二大人口国。全世界人口达到1亿的国家只有10个，其中6个都在亚洲。

亚洲的种族和民族非常复杂繁多，全亚洲大小民族和种族约1000个，占世界种族的一半。其中有人数达十几亿的汉族，也有人数仅几百的民族或部族。黄色人种（蒙古利亚人种）是亚洲的主体种族，约占全亚洲总人口数的60%；其次为白色人种（欧罗巴人种），占亚洲总人口数的1/3以上；还有棕色人种（澳大利亚人种）和混合型人种。黄色人种分南北两支，北支主要分布在东亚地区，中国、朝鲜、韩国、日本、蒙古和俄罗斯的西伯利亚、远东地区等即是；南支主要分布在马来西亚、新加坡、印度尼西亚、菲律宾、文莱和东帝汶等，有人称之为马来人种，也有人认为是蒙古人种和澳大利亚人种的过渡性种族，区别在于体型略小，肤色偏深。白色人种集中分布在南亚次大陆和除土耳其外的西亚各国，肤色深于欧洲的白种人。棕色人种主要包括日本北海道的阿伊努人、菲律宾的尼格利陀人、印度南部沿海与斯里兰卡的达罗毗荼人等。黄白人种的混合型主要分布于中亚和南西伯利亚地区。

亚洲所拥有的民族数约占世界民族总数的1/2。亚洲种族较多，除日本、朝鲜、韩国、蒙古和西亚的阿拉伯等国的民族单一外，其他国家都属于多民族国家。

亚洲是世界性三大宗教的发源地。佛教、伊斯兰教、基督教对一些国家的政治、经济、文化发展有重大影响。佛教为最古老的宗教。早于公元前5～6世纪，源于印度和尼泊尔毗邻处。目前亚洲有信徒2.5亿人，主要传播于东亚、中南半岛各国和斯里兰卡等国。其中泰国奉佛教为国教，因此信徒也是世界最多的。

伊斯兰教在我国被称为回教或清真教。源于沙特阿拉伯西部，麦加、麦地那是伊斯兰教圣地。在亚洲有信徒4亿多人，教徒通称穆斯林。西亚的阿拉伯人多信奉该教，与北非同为世界主要传播区，并传播到中亚各国、东南亚的马来西亚、印度尼西亚、文莱，南亚的孟加拉、巴基斯坦和马尔代夫等国。其传播的范围非常广泛。

说起基督教，或许很多人都会将其与天主教混淆，其实两者在信仰上是不同的。基督教源于西亚巴勒斯坦的伯利亨城（现以色列占领）。黎巴嫩、塞浦路斯和格鲁吉亚的部分居民信奉东正教，亚美尼亚人民多信奉基督教。菲律宾是东方世界唯一信奉天主教的国家。另外还有在印度广为流传的印度教，有将近4.6亿～5亿的信徒。而在日本，人们信奉神道。犹太人信奉犹太教。中国是个多宗教的国家。中国宗教徒信奉的主要有佛教、道教、伊斯兰教、天主教和基督教。对于宗教信仰，中国公民可以自由选择。

◎经济概况

在古代，亚洲创造了无数的灿烂文化，拥有发达的农业和手工业，而且还有许多发明都为世界文明做出了巨大的贡献。不过在16世纪以后，西方殖民主义和帝国主义相继侵入，许多国家和地区先后沦为殖民地和半殖民地，经济遭到了严重摧残，民族经济发展缓慢。致使许多国家和地区长期处于贫困落后的状态。目前，亚洲除日本外，大多数国家为发展中国家。其中农业在亚洲各国占据着重要的地位。稻谷、天然橡胶、金鸡纳霜、马尼拉麻、柚木、胡椒、黄麻、椰干、茶叶等的产量占世界总产量的80%～90%以上，原油、鱼、大豆、棉花产量均占世界总产量的30%～40%，锡精矿产量约占世界总产量的60%左右，钨精矿、花生、芝麻、烟草、油菜籽的产量均占世界总产量的45%，木棉、蚕丝、椰枣等的产量和牲畜总头数也居世界前列。绝大多数国家工业基础薄弱，采矿业和农产品加工业较发达，手工业正在发展。中国东部、日本、韩国、爪哇岛、斯里兰卡西部、印度中部、土耳其西部交通发达。东南沿海，海上运输发达。广大内陆地区和沙漠地区以畜力为主。

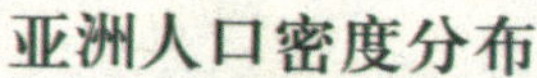
亚洲人口密度分布

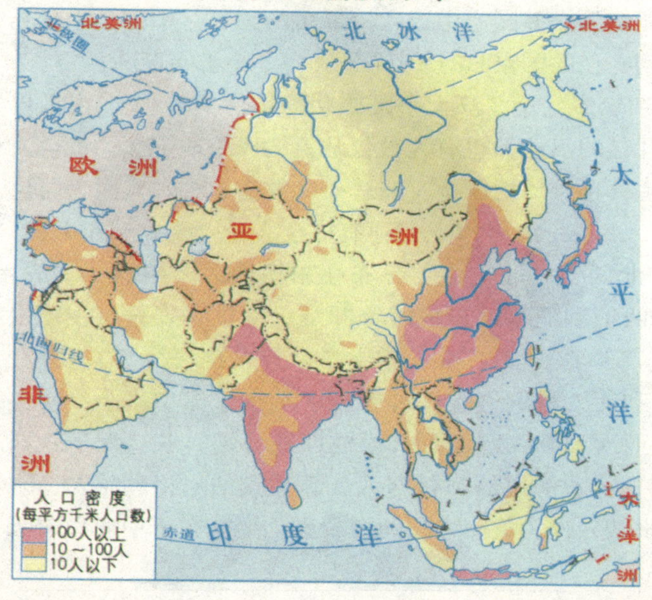

中国

中国是一个历史悠久的文明古国。在古时候，中国被称作中原地区，与“中土”、“中华”、“华夏”、“中州”含义相同。古代华夏民族建国于黄河流域，以位居天下之中，故称中国。后来成为我国的专用简称。1949 年 10 月 1 日起，中国全称改为中华人民共和国。其陆地总面积为 960 万平方千米，人口约 13 亿(2008)，北京为中国首都。

◎地形

1．地形特征

我国地形复杂，有高原、山地、平原、丘陵、盆地五种地形，山区面积广大，约占全国土地面积的 2/3。我国地势西高东低，大致呈三阶梯状分布。西南部的青藏高原，平均海拔在 4000 米以上，为第一阶梯。大兴安岭—太行山—巫山—云贵高原东一线以西为第二级阶梯，海拔在 1000～2000 米之间，主要为高原和盆地。第二阶梯向东的陆地为是第三阶梯，海拔通常在 500 米以下，主要为丘陵和平原。

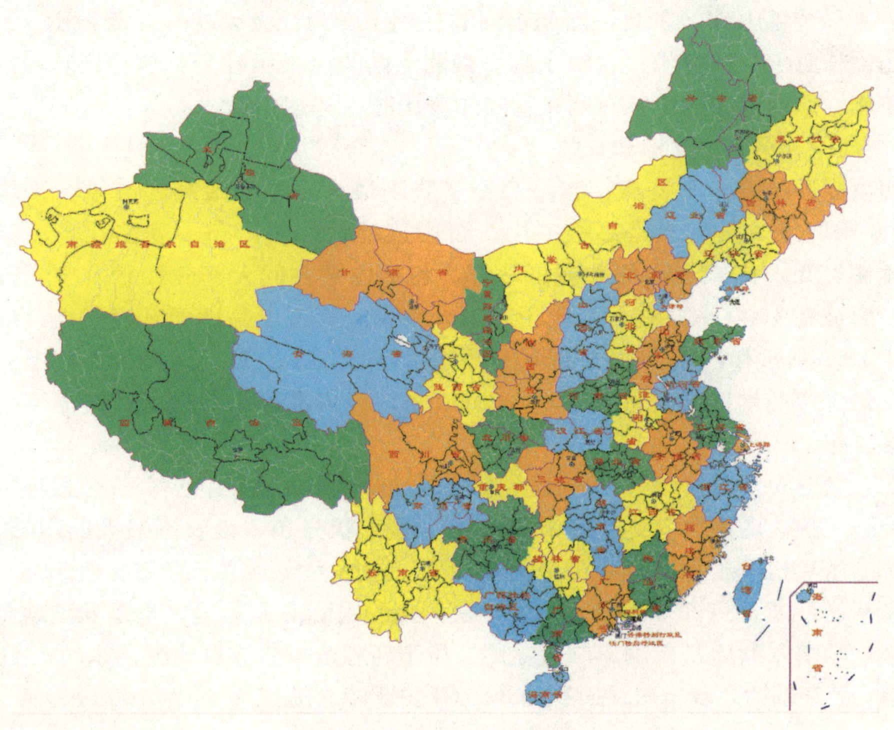

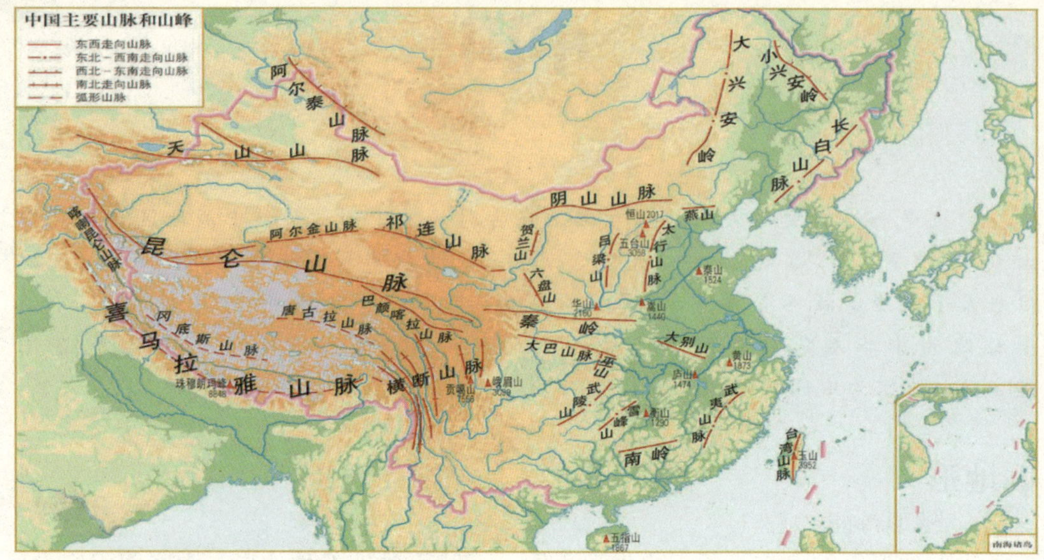

我国复杂多样的地形造就其多样的气候。我国地势西高东低，呈阶梯状分布的特点，有利于湿润空气深入内陆，供给大量水汽。大河滚滚东流，沟通东西交通，大河由高一级阶梯流入低一级阶梯的地段，水流湍急，就会产生巨大的水能。

2. 主要山脉分布

我国山脉众多。东西走向的三列山脉为：天山－阴山－燕山；昆仑山－秦岭－南岭；喜马拉雅山脉。东北－西南走向的三列山脉为：大兴安岭－太行山－巫山－雪峰山；长白山－武夷山；台湾山脉。南北走向的两条山脉为：贺兰山脉；横断山脉。西北－东南走向的山脉有两条：阿尔泰山脉、祁连山脉。

3. 高原、平原、盆地和丘陵

四大高原的分布与特点：青藏高原是我国最大、世界最高的高原，平均海拔在 4000 米以上。其特点是高峻多山，雪山连绵，冰川广布，湖泊众多，草原辽阔，水源充足。内蒙古高原在我国北部，包括内蒙古的大部分和甘、宁、冀的一部分，海拔在 1000 米左右，是我国第二大高原。其特点是地面开阔平坦，地势起伏不大，多草原和沙漠。黄土高原的地面覆盖着深厚的黄土，是世界黄土分布最广阔、最深厚的地区，海拔为 1000 ~ 2000 米。云贵高原山岭起伏，崎岖不平，岩溶地形广布。

四大盆地的分布与特点：四川盆地是我国地势最低的盆地，也有“红色盆地”和“紫色盆地”之称。塔里木盆地位于新疆南部，呈环状分布，是我国最大的内陆盆地，其中部的塔克拉玛干沙漠是我国最大的沙漠。柴达木盆地位于青海省西北部，大部分为戈壁、沙漠，东部多沼泽、盐湖，是典型的内陆高原盆地，也是我国地势最高的盆地。准噶尔盆地是我国第二大盆地，位于新疆维吾尔族自治区，东西长 1120 千米，南北最宽处约 800 千米，面积约 38 万平方千米，海拔为 500 ~ 1000 米。

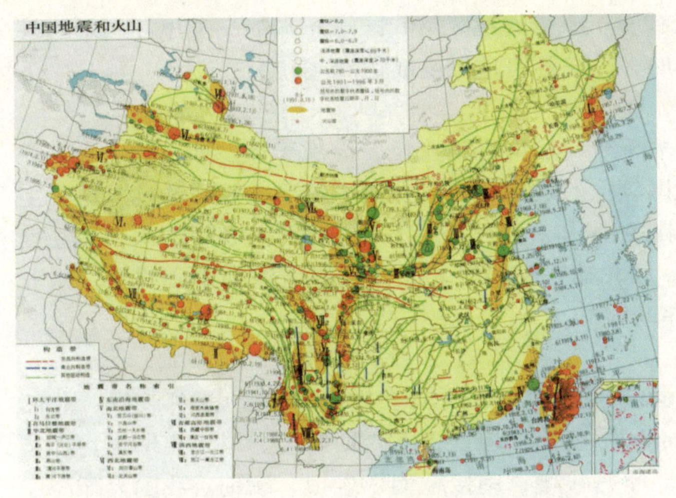

三大平原的分布与特点：东北平原是我国面积最大的平原，土地肥沃，海拔在200米以下。华北平原地势低平，千里沃野，是我国第二大平原。长江中下游沿岸平原地势低而平缓，河网密布，湖泊众多。

主要丘陵：我国的丘陵主要有辽东丘陵、山东丘陵、东南丘陵等。

4. 主要地震带

我国是地震多发国家。地震带主要分布在：（1）东南部的台湾和福建沿海地区；（2）华北太行沿线和京津唐地区；（3）西南青藏高原和其边缘的四川云南两省西部地区；（4）西北的新疆、甘肃、宁夏等地。

◎气候特征

1. 气温和温度带

我国属于季风性气候区，尤其是冬夏两季，气温分布差异很大。我国气温的分布特点为：冬季气温普遍偏低，南热北冷，南北温差大，温差近50℃，其主要原因在于：冬季太阳直射南半球，北半球获得太阳能量少；受纬度影响，冬季盛行冬季风。夏季全国大部分地区普遍高温（除青藏高原外），南北温差不大。其主要原因在于：夏季太阳直射北半球，北半球获得热量多；夏季盛行夏季风，我国大部分地区气温上升到最高值；夏季太阳高度大，纬度越高，白昼时间越长，减小了南北接受太阳光热的差异。在我国，冬天最冷的地方是漠河镇，夏天最热的地方是吐鲁番。重庆、武汉、南京号称我国的“三大火炉”。

2. 降水和干湿地区

由东南沿海向西北内陆递减是我国降水量分布的特点。为什么会形成这样的特点？一方面是因为我国东南临海，西北深入到亚欧大陆内部，使我国的水分循环自东南沿海向西北内陆逐渐减弱。另一方面，能带来大量降水的夏季风，受重重山岭的阻挡和路途遥远的制约，影响程度自东南沿海向西北内陆逐渐减小。受季风气候的影响我国各地降水量季节分配很不均匀，全国大多数地方降水量集中在5月到10月。这个时期的降水量一般要占全年的80%。就南北不同地区来看，南方雨季开始的早而结束晚，北方雨季开始晚而结束早。

◎疆域和行政区划

1. 位置

我国位于亚洲东部，太平洋的西岸。我国领土南北跨越的纬度近50度，大部分属温带，小部分属热带，没有属于寒带的地区。我国最东端的乌苏里江与最西端的帕米尔高原高原时差为4小时多，东西跨越经度高达60多度。

2. 辽阔的疆域

我国领土面积为960万平方千米，居世界第三位，仅次于俄罗斯、加拿大。差不多同整个欧洲面积相等。我国领土的最东端在黑龙江主航道中心线和乌苏里江主航道中心线的相交处；最西端在帕米尔高原附近，东西相距约5000千米，跨经度60多度；最南端在曾母暗沙；最北端在漠河以北黑龙江主航道的中心线上；南北相距约5500千米，跨纬度约50度。

3. 疆界和邻国

我国陆上疆界有两万多千米，与我国相邻的国家共有14个。东邻朝鲜；北面是俄罗斯、蒙古；西北和西南面同哈萨克斯坦、吉尔吉斯斯坦、塔吉克斯坦、阿富汗、巴基斯坦、印度、尼泊尔、不丹接壤；南接越南、老挝、缅甸。我国大陆海岸线长达18000多千米，自北向南临近的海洋有渤海、黄海、东海和南海。我国的领海，是指从海岸基线向海上延伸到12海里的海域。渤海和琼州海峡为我国内海。我国沿海分布有台湾岛、海南岛、舟山群岛、南海诸岛等5000多个大大小小的岛屿。同我国隔海相望的邻国有韩国、日本、菲律宾、马来西亚、文莱和印度尼西亚6个国家。

4. 行政区划

我国现在行政区基本划分为省（自治区、直辖市）、县（自治县）和乡（镇）三级，省级行政单位包括23个省、5个自治区、4个直辖市和2个特别行政区。在历史上我国划分东北区、华北区、华东区、中南区、西南区和西北区6个大区。香港、澳门是我国领土的一部分。中英两国政府于1984年12月签署有关香港问题的联合声明，我国政府于1997年7月1日对香港恢复行使主权，在香港设立香港特别行政区，实行“一国两制”。

我国同葡萄牙政府于1987年4月在北京共同签署了关于澳门问题的联合声明，声明重申，澳门属中国领土。我国政府已于1999年12月20日对澳门恢复行使主权，在澳门设立特别行政区，实行“一国两制”。

◎人口和民族

1. 我国是世界人口最多的国家

我国约有13亿人口，占世界人口总数的21%，是世界上人口最多的国家。我国人口的分布是东南多，西北少。从城乡分布来看，2004年年末全国城镇人口达到5亿4283万人，占我国总人口的41.76%，农村人口为7亿5705万人，占我国总人口的58.24%。

2. 华侨与华人

我国的有3000多万华侨和华人分布于世界各地。侨胞以原籍广东、福建两省为最多，这两省许多地方一向以侨乡著称。

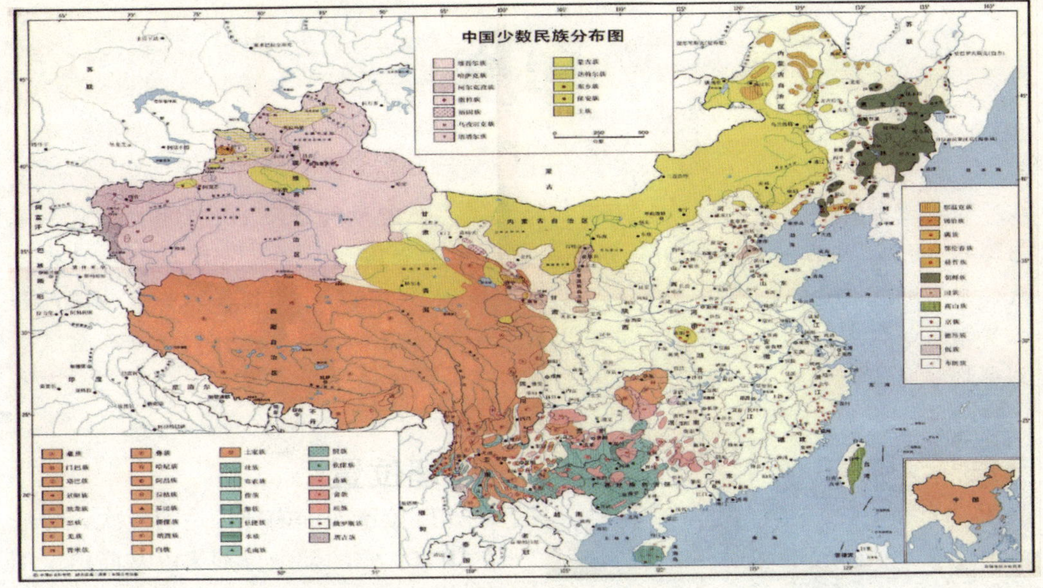

3. 控制人口增长速度，提高人口素质

我国人口的突出特点是人口基数大，人口增长快。控制人口增长速度，提高人口素质，是加速实现四化建设的当务之急。现阶段我国的人口增长由于政府宏观调控力度加大，已基本完成了从传统模式向现代模式的转变，人口增长特点转变为低出生率、低死亡率、低自然增长率。但由于我国人口基数大，我国每年增长的人口依然很多。因此我国仍要把推行计划生育当成一项基本国策。

4. 多民族的社会主义国家

我国是一个统一的多民族的社会主义国家。全国共有 56 个民族。汉族人口最多，约占全国人口的 92%。其他 55 个民族人口较少，统称少数民族。少数民族中人口最多的是壮族，有 1500 多万。人口在 400 万以上的还有满、回、苗、维吾尔、彝、土家、蒙古、藏等族。汉族分布遍及全国，主要集中在东部和中部；少数民族主要分布在西南、西北和东北等边疆地区。各民族的分布特点是大杂居，小聚居。

5. 中国的文化

中国是世界四大文明古国之一，具有悠久的历史，号称礼仪之邦。5000 年前，中华农耕文明的始祖后稷在渭河流域开创了农业生产；中华文字文明的始祖仓颉在渭河流域发明了文字。在先秦时代，中国就有了周文王、周公旦、老子、墨子、孔子等伟大的思想家，并有了《易经》《道德经》《诗经》《春秋》《论语》等古典名著。

印度

印度是印度共和国的简称，位于亚洲南部，全国面积约为298万平方千米，是南亚次大陆最大的国家。印度是历史悠久的文明古国之一，具有绚丽的、多样性的、丰富的文化遗产及旅游资源。印度与孟加拉国、缅甸、中国、不丹、尼泊尔和巴基斯坦等国家相邻，与斯里兰卡和马尔代夫等国隔海相望。此外，印度人创造了光辉灿烂的古代文明，世界三大宗教之一的佛教就发源于印度。

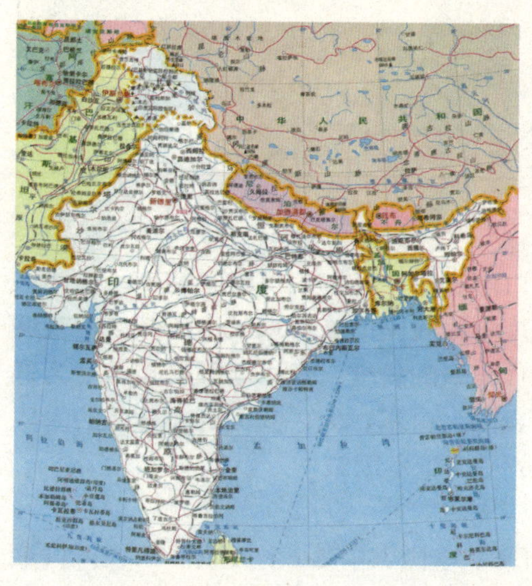

◎地理位置

印度位于亚洲南部，是南亚次大陆最大的国家，它的邻国分别为巴基斯坦、中国、尼泊尔、不丹、缅甸和孟加拉国，还临近孟加拉湾和阿拉伯海，海岸线全长5560千米。印度全境分为德干高原、中央高原以及喜马拉雅山区等三个自然地理区。印度属于热带季风气候，气温受海拔高度的影响而变化，喜马拉雅山区年均气温在12～14℃，东部地区年平均气温在26～29℃。

◎自然资源

印度有着丰富的矿产资源，铝土储量和煤产量均占世界第五位，云母出口量占世界出口量的60%。截至1996年年底，印度主要资源可采储量估计为：煤463.89亿吨（不含焦煤），铁矿石97.54亿吨，铝土22.53亿吨，铬铁矿1.24亿吨，锰矿石6550万吨，锌589万吨，铜352万吨，铅136万吨，石灰石684.77亿吨，磷酸盐8100万吨，黄金86吨，石油8.96亿吨，天然气6970亿立方米。此外，还有云母、钻石及钛、钍、铀等矿藏资源。在印度，其森林覆盖率为21.9%。

印度煤炭的蕴藏量占世界第四位。其他主要的自然资源还有铁矿、锰、云母、铁矾土、钛矿、铬铁矿、天然气、石油、钻石、石灰石和可耕地等。印度经济以传统耕种、现代农业、手工业、现代工业为主。但是，印度对资源的利用率却很低，其开发率也不高，据统计仅为15%～30%左右。

◎经济

印度以农业为主，是一个农业大国。印度的农产品主要有稻、小麦、牛奶、油料、甘蔗、茶叶、棉花和黄麻等。全国耕地面积约1.6亿公顷，人均0.17公顷。印度是世界第一大产奶国，也是世界重要的产棉国和产茶国。印度的牛、山羊、绵羊数量居世界首位。

印度的主要出口商品有珠宝制品、棉纱及棉织品、化工制品、机械及五金制品、石油制品、皮革、海产品、铁矿砂及矿产品等。

此外，印度的旅游业和服务业也取得了相当大的发展，在国民经济中占有相当的比例。印度主要旅游点有阿格拉、德里、斋浦尔、昌迪加尔、纳兰达、迈索尔、果阿、海德拉巴、特里凡特琅等。铁路是印度最大的国营部门，也是主要的运输手段。印度的铁路总长度居亚洲第一位，世界第四位。近几年来，印度的公路运输发展的也比较快，已承担了全国 80%的客运量和 60%的货运量，全国日平均客运量逾 6000 万人，成为世界最大的公路网之一。

◎文化

印度历史悠久，有着深厚的文化底蕴，是世界四大文明古国之一。印度的历史可追溯到公元前 2000 年，以雅利安人第一次在印度北部定居的移民浪潮为始。在一千年以后，雅利安人遍布了整个印度，并且创造出大部分早期的古典梵语文献，如《梵经》、《吠陀经》、《奥义书》和两大史诗《罗摩衍那》和《摩诃婆罗多》。

印度大约有 2000 种语言，其中 55 种都有自己的文字和文学。有 19 种完善的语言被定为印度的官方语言。印度的每个宗教在全国都有它的信徒。信仰印度教的人占绝大多数，约为 85%，其次为穆斯林、基督教、佛教、犹太教、拜火教、耆那教等，所有不同宗教和睦相处。整个印度遍布漂亮的庙宇、雄伟的教堂、宏大的清真寺、香火旺盛的佛教寺庙、犹太教堂和拜火教寺院。印度西部特大商业都市孟买可以说是印度宗教、种族、语言多样性的一个缩影。在孟买市内，除了有印度境内各宗教的庙堂外，还有著名的亚美尼亚教堂、神道教庙和大同教庙等建筑物。

◎风土人情

印度人有四大传统仪式，即使走遍世界也不会改变，分别是：出生礼、葬礼、婚礼和普迦仪式。在印度旅行，除了四大传统仪式外，你还要知道印度人的 10 大特殊习惯和 6 大禁忌。

出生

在印度的传统中，重男轻女的思想是十分明显的。因为女儿结婚时，父母必须准备一笔丰厚的嫁妆，如果没有嫁妆，女儿是嫁不出去的。这对于一个贫穷人家来说，无疑是一项庞大的负担。

在印度，如果生下的是女儿，就会用拍手示意，表示两手空空来的。但如果生下的是儿子，那就大大不同了，家人就会立刻敲锣庆祝，表示儿子将来娶老婆时，可以带来丰厚的嫁妆。

印度人庆祝小孩出生与平安成长的方式就是到寺庙里进行“普迦仪式”，唱颂祈祷文，然后和亲朋好友举行餐宴。印度小孩出生后，父母都会找人为他们占卜，小孩的名字多半取自英雄或神祇。在印度，小孩子的生辰八字特别受重视，因为这决定了小孩未来结婚的配偶。

葬礼

当印度教徒死后，都会在河滩举行火葬仪式。印度教徒去世后，家人会用黄色或白色的绢布包裹尸体，然后放在一个竹制担架上，以游行的方式抬到河滩火葬地点。传统上，把死者抬送到火葬地点的任务是由家属担任的，但是现在大部分都会交给专人处理。在印度，那些专门处理丧葬事宜的人，都是被视为种姓地位最低的贱民。

一般来讲，送葬的仪式都比较简单。但是，比较富有的人家，可能会请乐师在前面演奏，浩浩荡荡地游行。在火葬前，死者的长子必须手持油灯绕行遗体3周，当柴堆被点燃后，死者的长子必须将头发剃光，只在后脑勺留一小撮，然后到河里沐浴净身。在火葬结束后，家人会把死者的骨灰扫到河里，表示灵魂已经脱离躯壳，得到解脱。

婚礼

在印度，婚礼是社会地位的代表，也是人一生中最重要的仪式。如果印度青年到了适婚年龄，就会由父母代为寻找社会阶级、语言、区域、背景相同以及八字可以匹配的对象。

在印度，婚礼仪式比较繁琐。在结婚前，双方家长会通过充当媒人的祭司讨论嫁妆事宜，必须在女方答应男方提出的嫁妆数量后，双方才选定黄道吉日，开始筹备婚礼。婚礼前一天，新娘必须根据传统化妆方式，开始抹油、沐浴、更衣、梳头、画眼线、抹唇砂、并且在脚上涂上红色、在额头点红色蒂卡、在下巴点黑痣，接着还要用植物染料在手脚上绘饰汉那图案，然后洒香水、佩戴首饰和发饰；最后就是把牙齿染黑、嚼槟榔、擦口红。经过这样复杂的程序，婚前仪式才算大功告成。

在婚礼那一天，新郎官要骑着一匹白马浩浩荡荡地来新娘家迎娶新娘。这时女方家里已经架起火坛，双方亲友在祭司念诵的吉祥真言中，绕行火坛祝祷。之后，新娘在女伴的簇拥下走到火坛前，再由祭司者将新娘的纱丽与新郎的围巾系在一起，表示婚姻长长久久。此后就是举行新婚仪式。

婚礼的晚宴是在新娘家进行的，新人在婚宴中接受女方亲友们的祝福。婚礼的当晚也是要在新娘家过的，第二天新郎才把新娘迎娶回家。

普迦仪式

印度教徒膜拜神祇的仪式，称为普迦仪式。普迦仪式必须由祭司主持。仪式中

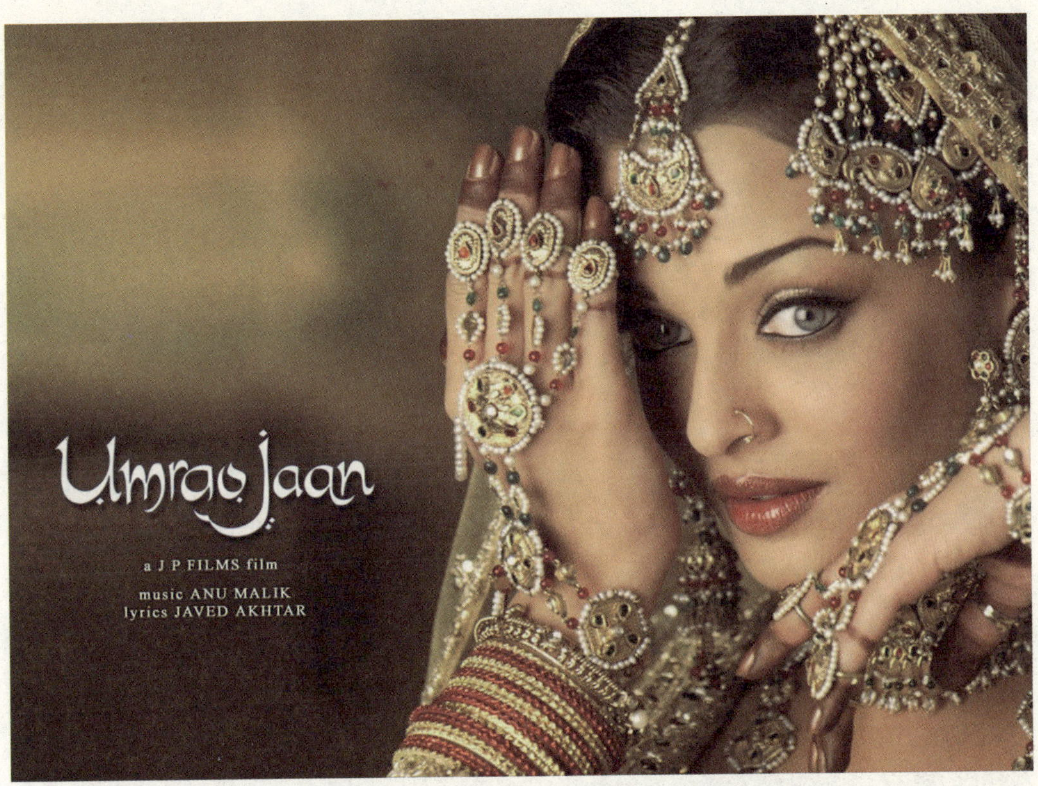

信徒将神像装饰后抬出寺庙游行庆祝，并且奉献鲜花、椰子、蒂卡粉等供品。最后再由祭司手持油灯，在神像前面进行“阿拉提”。在“阿拉提”过程中，信徒需用手轻轻覆盖祭司手中的灯火，然后碰触一下自己的眼睛，表示接受神祇赐予的力量。

当普迦仪式结束后，信徒可以分到一些祭祀的鲜花、蒂卡粉或水，人们将其称为“波拉沙达”。所以，在印度，只要看到印度人从寺庙膜拜出来，额头上几乎都会涂有红色或白色的粉末。

在印度，由不同的服饰或装扮便可以认出当地人的宗教信仰、种族、阶级、所生活的区域等。印度男性多半包有头巾，这种头巾称为 Turban。头巾有各式各样的包裹方法，其中锡克教男性头巾具有特定样式。此外，锡克人从小到大都必须蓄头发、留胡须，包头巾。对于小孩而言，头巾的样式比较简单，只要用黑布绑成发髻形状就可以了。成年人的头巾样式较为复杂，先用黑色松紧带将长发束成发髻，再用一条长约 3 公尺的布裹成头巾，而且两边对称，呈规则形状。

纱丽是印度妇女的传统服饰。纱丽是一块长近 14 米的布料，穿着时以披裹的方式缠绕在身上。印度妇女擅长利用扎、围、绑、裹、缠、披等方法，使得纱丽穿在身上产生不同的效果。纱丽的穿着方式繁多，不同的种族、区域、信仰，会有许多不同的色彩和穿裹方式。这也是印度当地民俗的一大特色。

日本

日本是一个亚洲大陆东岸的太平洋岛国。位于欧亚大陆以东、太平洋西部，由数千个岛屿组成，众岛屿呈弧形。日本东部和南部是一望无际的太平洋，西临日本海、东海，北接鄂霍次克海，分别和朝鲜、韩国、中国、俄罗斯、菲律宾等国隔海相望。日本的领土是由北海道、本州岛、四国岛、九州岛4个大岛和3900个小岛组成。

日本的总面积为377835平方千米，其中土地面积374744平方千米，水域面积3091平方千米，领海面积310000平方千米。日本填海造陆面积达1600平方千米，是世界上填海造陆最多的国家。

东京是日本的首都，也是日本政治、经济、文化中心。居民1亿2496万，城市人口占76%。日本人口分布极不均衡，多数密集于各岛沿海平原和沿河地带，以东京、大阪、名古屋三大城市为中心的地区集中了全国一半的人口，人口稀少地区为北海道、山阴和四国等地区。日本除北海道和北方有少数阿伊努人外，几乎全是大和民族。大多数日本人信奉神道和佛教。日语为日本国语，阿伊努人通用阿伊努语。日本的外侨以朝鲜人和华侨为主。

◎地形、地势

日本境内多山，山地呈脊状分布于日本的中部。日本的国土被山地分割为太平洋一侧和日本海一侧，山地和丘陵面积占国土总面积的71%，国土森林覆盖率高达67%。日本最高山为富士山，海拔3776米。

日本的平原多为冲积平原，主要分布于河流下流近海一带，规模较小。日本较大的平原有关东平原、石狩平原、越后平原、浓尾平原、十胜平原等。由于日本平原面积比较狭小，所以耕地也十分有限。但日本的人口密度较高（3268/平方千米），仅次于埃及。

日本是一个多火山的国家，这与它的地理位置有关。因为日本位于太平洋火山地震带上，火山活动频繁，给当地人们的生活带来了很大麻烦。日本本国共有200多座火山，其中50多座是活火山，是世界上有名的地震区。因而日本有“地震国”之称。但是，火山分布地区景色优美，温泉资源丰富，非常有益于观光疗养。

日本境内的河流流程较短，但水能资源较为丰富。日本最长的信浓川长约367千米；最大的湖泊是琵琶湖，面积为672.8平方千米。日本的河流多发源于中部山地，向东西两侧流入太平洋和日本海。

日本山地东西狭窄，而且山势陡峭，因而河流多短而急促。在梅雨和台风季

节，水量增大，容易形成洪水。因此，日本修筑了大量的堤防和水库，用于防洪。日本的河水被广泛应用于生活用水、农业和工业用水、水力发电等方面。

◎海岸线

日本境内的海岸线全长33889千米。由于日本是一个岛国，因此其海岸线十分复杂。日本位于西部日本海的一侧多悬崖峭壁，港口稀少；位于东部太平洋的一侧分布有许多入海口，进而形成许多天然海港。

◎文化传统

日本传统文化主要体现在两个方面，即菊和刀。这两个方面主要由樱花、和服、俳句与武士、清酒、神道教构成。在日本，著名的“三道”是指日本民间的茶道、花道、书道。

茶道

茶道，又称茶汤或品茗会。自古以来，茶道作为一种具有美感的仪式深受日本上流阶层的喜爱。茶道是一种独特的饮茶仪式和社会礼仪。日本的茶道最早是由中国唐朝贞观年间传到日本的。在古代，日本与中国来往频繁。盛唐时期，日本曾派大量使臣来中国，因此受中国文化影响较深。因此，日本人称“中国是日本茶道的故乡”。日本茶道和中国潮汕的功夫茶在某些程序上相似。

花道

花道主要是在茶室内再现野外盛开的鲜花的技法。因展示的规则和方法有所不

同，花道可分成20多种流派，日本国内有许多传授花道各流派技法的学校。另外，在宾馆、百货商店等场所，也可以欣赏到优美的花道。日本人忌讳荷花，认为荷花是丧花。此外，日本人还忌用山茶花，菊花则是皇室家族的标志。

书道

提起书法，有不少人认为，它是中国独有的一门艺术。其实，书法在日本不仅盛行，更是人们修身养性的方式之一。古代日本人称书法为“入木道”或“笔道”，直到江户时代（17世纪），才出现“书道”这个词。在日本，书法盛行应当是在佛教传入之后。因为当时的佛教徒都是模仿中国用毛笔抄录经书。因此，书法在日本也比较盛行。

和服

和服是日本传统民族服饰的统称，在日本也称为“着物”。和服是仿照中国三国时吴国服式和隋唐服式改制的，所以和服在日本最早被称为“吴服”和“唐衣”，和服是西方人对它的称谓，现在日本人已经接受了这个称谓，但是很多卖和服的商店，还是写着“吴服”。公元8世纪至9世纪，日本服装一度盛行过“唐风”。以后虽有改变，但仍含有中国古代服装的某些特色，这已经形成了日本自身的风格。此外，和服的款式和花色是区别日本妇女的年龄和结婚与否的标志。

◎经济概况

1993年，日本的国民生产总值已达到3748亿多美元，仅次于美国，居世界第二位。日本主要工业部门有电子、钢铁、汽车、电机、造船、石油化工、纺织等。在日本，工业产值占工农业总产值的90%。可见，工业的发展使得日本经济跃于世界前列。

1991年，日本生产粗钢11000多万吨，产量位居世界前列。日本汽车产量急剧上升，年产汽车1300多万辆；此外，日本造船达700万吨。由于日本造船吨位长期居于世界首位，因而有“造船王国”之称。

日本的纺织工业和电器电子工业也在工业中占有重要的地位。日本经济最大的特点就是工业临海分布，其中73%的工业生产都集中在太平洋沿岸地区。从本州岛的东京湾到九州岛的北部是日本最重要的工业地带，其中以东京区（东京－横滨）、大阪区（大阪－神户）、名古屋区和九州岛北部区为四个最重要的工业区。此外，东京－横滨工业区以造船、汽车制造、飞机制造、冶金、化工和轻工业最为发达，因此首都东京成为日本最大的工业中心。近年来东京附近的千叶成了以钢铁工业为主的重工业中心。大阪－神户工业区是日本最大的纺织工业基地，化工、冶金、造船、机械制造等工业很发达。历来名古屋工业区都是以面粉、纺织、陶瓷等工业部门为主，现在也发展起了汽车制造等工业。

九州北部是在本地煤炭资源的基础上，进口矿石和废铁而发展起来的日本最早的钢铁工业基地，现在仍然是日本最大的钢铁产地，北九州的八幡是日本全国最大的钢铁工业中心。横须贺、神户、长崎、大阪是主要造船工业中心。四国北部的别子以产铜闻名。北海道造纸业发达。日本经济的飞速发展主要是依靠这些工业基地。但是，农业对日本也非常重要。

由于受地势的影响，日本的农业用地面积非常狭小，但农业生产集约程度却相当高。主要农作物是稻子，稻田面积约占全部耕地面积的一半。年产稻谷1000万吨左右。小麦多分布在太平洋沿岸和濑户内海区域，年产量约100万吨。其他有马铃薯、甘薯、荞麦等。日本国内粮食自给不足。丘陵地区普遍种植桑树和茶叶，茶叶为日本传统输出商品。此外，日本的海洋渔业也较为发达，年捕鱼量在1000万吨以上，位居世界前列，北海道的函馆和本州岛的下关是日本最大的渔业基地。

日本的主要贸易对象是美国、中东和亚洲地区。出口钢铁、机械、船只、汽车、电视机、纺织品、海产品等。但是，绝大部分工业原料均依靠进口，铁矿石、锰矿石、铜、铅、锌、铝、镍、煤、原油等9项最重要的工业原料对进口的依靠程度超过50%，其中原油、铁矿石、铝、镍等几乎全部依靠进口。此外，还进口钢铁、羊毛、小麦、糖及其他工业原料。所以，日本不仅是一个出口大国，还是一个进口大国。

蒙古

蒙古是亚洲中部的一个内陆国，它的南、东、西都与中国接壤，北与俄罗斯相邻。在气候方面，蒙古属于典型的大陆性气候。

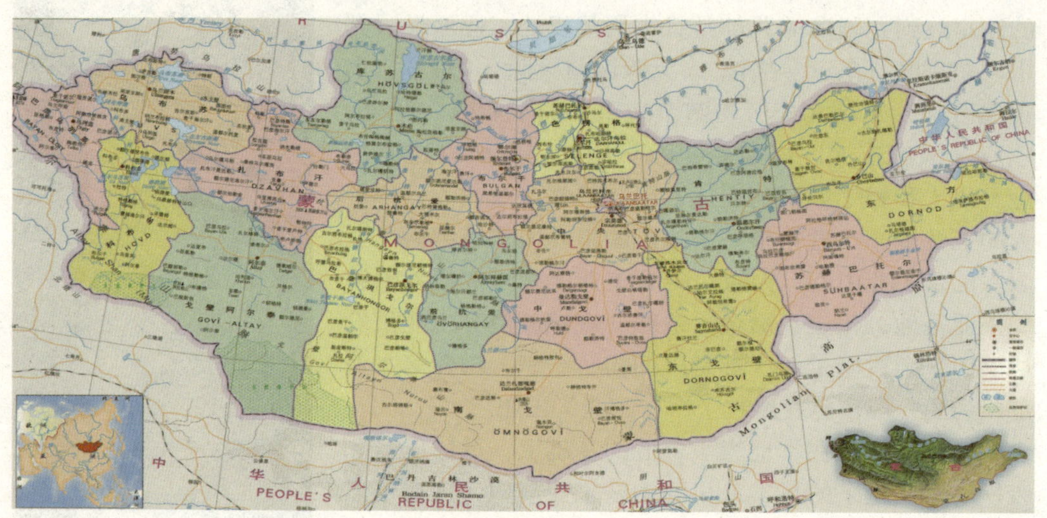

◎地理环境

蒙古位于亚欧大陆的内部，属东亚，是世界上第二大内陆国。蒙古地处蒙古高原。东、南、西三面与中国接壤，北部同俄罗斯的西伯利亚相邻。蒙古大部分地区为山地或高原，平均海拔 1600 米。西部为山地，阿尔泰山自西北向东南蜿蜒。

蒙古是一个高原国家。友谊峰是蒙古的最高山峰，位于中蒙边界，其海拔为 4374 米。其他的山峰如埃恩赫塔伊万山海拔 3905 米、阿格拉山海拔 3738 米、尚德山海拔 2825 米、扎卢丘特山海拔 2799 米。群山之间多盆地和谷地；东部为地势平缓的高地；南部是占国土面积 1/3 的戈壁地区。

蒙古的西部湖泊较多。主要河流为色楞格河、鄂尔浑河、科尔布多河、克鲁伦河、扎布汗河等。最大咸水湖乌布苏湖面积 3350 平方千米，最大淡水湖为哈尔乌苏湖，此外还有吉尔吉斯湖、库苏古尔湖、阿奇特湖等。

位于北部的库苏古尔湖，是蒙古最大的一个湖泊。它的总水域面积为 2760 平方千米，素有“东方的蓝色珍珠”之美誉。库苏古尔湖的动植物群落与位于其东部 200 千米的俄罗斯贝加尔湖相近。库苏古尔湖是蒙古境内重要的湖泊之一。

蒙古深居欧亚大陆内部，属于典型的大陆性气候。境内多草原地带，因而大部分地区属大陆性温带草原气候，季节变化明显。冬季长，常有大风雪；夏季短，昼夜温差大；春、秋两季短促。每年有一半以上时间为大陆高气压笼罩，是世界上最强大的蒙古高气压的中心，为亚洲季风气候区冬季“寒潮”的发源地之一。其无霜期大约从6~9月，只有90~110天。蒙古的降水很少，年平均降水量约120~250毫米，降水的70%集中在7月、8月。此外，蒙古西北部地区属于温带针叶林气候，那里的许多高峰终年都有积雪。

◎人口

蒙古是一个地广人稀的草原之国，平均人口密度为每平方千米1.5人。至2007年年底，蒙古的人口约为260万。蒙古国内的民族以喀尔喀蒙古族为主，约占全国人口的80%，此外，还有哈萨克族、杜尔伯特族、巴雅特族、布里亚特族等15个少数民族。过去，大约40%的人口居住在农村，20世纪90年代以后，城市居民占总人口的80%，其中生活在乌兰巴托的居民占全国居民总数的1/4。蒙古的农业人口主要是饲养牲畜的游牧民。

蒙古族是一个游牧民族，善于骑马，因此也被称为“马背民族”。蒙古人爱马，并将马视为珍宝，因此在蒙古国的国徽上画有一匹骏马。

◎行政区划

蒙古的首都为乌兰巴托。除首都外，全国分为21个省：后杭爱省、巴彦乌勒盖省、巴彦洪格尔省、布尔干省、戈壁阿尔泰省、东戈壁省、东方省、中戈壁省、扎布汗省、前杭爱省、南戈壁省、苏赫巴托尔省、色楞格省、中央省、乌布苏省、科布多省、库苏古尔省、肯特省、鄂尔浑省、达尔汗乌勒省和戈壁苏木贝尔省。

◎经济

蒙古是一个地广人稀的草原之国，它的经济以畜牧业为主。此外，蒙古也有着丰富的矿产资源，所以蒙古的经济也以采矿业为主。蒙古曾长期实行计划经济，1991年开始向市场经济过渡。1997年7月，政府通过“1997年至2000年国有资产私有化方案”，目的是使私营经济成分在国家经济中占主体地位。2007年，蒙古经济发展态势良好，宏观经济指标稳步增长，财政收入增加，汇率基本保持稳定。同年，蒙古国内生产总值达到28.35亿美元，比前一年增长9.9%。到2008年，蒙古的GDP增长为49.91亿美元，居世界第143位；人均GDP为1980美元，居世界第121位。

蒙古国内的工业主要以肉、乳、皮革等畜产品加工为主。此外，蒙古的木材加工、电力、纺织、缝纫和采矿业也有较大的发展，并且具有一定的规模。

畜牧业不仅是蒙古的传统经济部门，也是蒙古国民经济的基础。蒙古素有“畜牧业王国”之称，主要饲养羊、牛、马、骆驼。农业以种植麦类、蔬菜、薯类和饲料作物为主。库苏古尔湖盛产鱼类。2007年，蒙古牲畜存栏总数达4030万头，比前一年增长15.7%，创历史最高纪录。

目前，蒙古也大力发展自己的旅游业。主要旅游点有哈尔和林古都、库苏古尔湖、特列尔吉旅游度假胜地、南戈壁、东戈壁和阿尔泰狩猎区等。这些旅游景点也成为蒙古经济的重要支柱。

死海——世界陆地最低点

在约旦和以色列的交界处有一个神奇的海，它就是死海。死海是世界上最低的湖泊，湖面海拔-422米，死海的湖岸是地球上已露出陆地的最低点，湖长67千米，宽18千米，面积1206平方千米。死海也是世界上最深、最咸的咸水湖，最深处380米，最深处湖床海拔-800米，湖水盐度达300克/升，为一般海水的8.6倍。死海之所以神奇正是因为它的海水中含有高达30%的盐分，除了吉布提的阿萨勒湖(Lake Assal)的盐度超过了死海，世界上没有第二个湖的盐分能超过它。

◎名称由来

死海海水及湖岸均富含盐分，因为在高盐度的海水中，鱼和其他水生物都难以生存，湖水中除了细菌和绿藻没有其他任何生物，所以它被人们称为“死海”。

◎死海的成因

死海海水中含有多种矿物质，海水经不断蒸发，矿物质逐渐沉淀下来，长年累积而成为今天最咸的咸水湖。人类对死海的认识经历了漫长的过程，最后依靠科学才揭开了死海的秘密。原来死海之所以成为“死海”，是因为流入死海的河水不间断地蒸发、矿物质大量下沉造成的。

那么，为什么比起其他的湖，只有死海造成了这种情况呢？主要有两方面的原因：其一，死海一带气温很高，夏季平均可达34℃，最高达51℃，冬季也有14～17℃。气温越高，蒸发量就越大。其二，这里干燥少雨，年均降雨量只有50毫米，而蒸发量达140毫米左右。由于一年中晴天居多，日照强，而雨水又少，几乎无外部补充水量，于是死海变得越来越“稠”，沉淀在湖底的矿物质逐渐增多，咸度越来越大。于是便形成了世界上最咸的咸水湖——死海。死海是内流湖，因此湖水的唯一的外流途径就是蒸发作用，唯一一条注入死海的河流是约旦河。近年来，由于水资源的供应紧张，约旦和以色列从约旦河取水供应灌溉及生活用途，使得死海水位严重下降。

地球上最低的水域就是死海，而死海也是世界陆地的最低点，水面平均低于海平面约 400 米。约旦河从其北部注入。死海长 80 千米，宽为 18 千米，湖水表面面积 1020 平方千米，平均水深 300 米，最深处 400 米。利桑半岛将死海划分为两个大小深浅不一的湖盆，北面的面积较大，占 3/4，深 400 米，而南面平均深度不到 3 米。湖水上层水温 19 ~ 37℃，盐度低于 30%，富含硫酸盐与碳酸氢盐。死海底层水温达 22℃，盐度为 33.2%，富含一些矿物质，如镁、钾、氯、溴、钠和一些氯化物，其南岸的塞杜姆有化工厂及盐场。

◎地理位置及水域规模

死海位于约旦 – 死海地沟的最低处，是东非大裂谷向北延续的部分。这是一块下沉的地壳，夹在两个平行的地质断层崖之间。从死海看摩押高原东部的断层崖比犹太隆皱特征的西部断层崖更为清晰、明显。

死海是一个典型的内陆盐湖，位于约旦谷地，而此处又是以色列和约旦的交界处。西岸为犹太山地，东岸为外约旦高原。约旦河从北面注入。约旦河每年向死海注入 5.4 亿立方米的水。由于该地带一年中多数天气都为晴天，蒸发量大，而冬季又无水注入，所以死海的水位呈季节性变化，从 30 厘米至 60 厘米不等。

由于死海位于长期以来都有争议的约旦 – 巴勒斯坦边界，因而一直未能大规模用来通航。死海湖岸荒芜，长期居民点很少。只有塞多姆的采矿和采盐工厂和卡利亚的几家旅店和疗养院，西部地区还有一个农业社区。

◎气候特征

由于气候炎热再加上位于沙漠中，所以死海的降雨量极少且不规则。利桑半岛年降雨量为 65 毫米，冬季温暖，夏季炎热。湖面水位有季节性变化，在 30~60 厘米之间。据说死海冬天不冻结，夏季又非常炎热，造成湖水每年蒸发约 1400 毫米，常常是湖面上雾气腾腾。由于死海地区的气温过高，致使从约旦河注入死海的所有河水（每天 40 ~ 65 亿升）几乎都干涸了，只留下了更多的盐。

◎死海神奇的功效

由于盐度过高，所以死海中没有任何动植物，但它对人类的照顾却是无微不至

死海神奇的浮力

的。它会让不会游泳的人能在海中自由游泳，任何人掉入死海，都会被海水的浮力托住，这是因为死海中的水的比重是1.17～1.227，而人体的比重只有1.02～1.097，水的比重超过了人体的比重，所以人就不会沉下去。从一些旅行社宣传的照片上，我们会看到一幅幅令人感到不可思议的照片：游客仰卧在水面上，一只手拿遮阳伞，另一只手则拿着画报在阅读，随波漂浮，十分惬意。

死海的海水含盐量较高，同时又富含矿物质，如果常在这样的海水中浸泡，可以治疗关节炎等慢性疾病。因此，每年都吸引了数十万游客来此休假疗养。死海海底的黑泥含有丰富的矿物质，成为市场上抢手的护肤美容品。以色列在死海边开设了几十家美容疗养院，疗法十分简单，将疗养者浑身上下涂满黑泥，只露出两只眼睛和嘴唇。富含矿物质的死海黑泥，由于具有健身美容的特殊功效，使它成为以色列和约旦两国宝贵的出口产品。死海也成了世界上最早的疗养圣地，可以说死海内尽是宝，湖中大量的矿物质具有一定安抚、镇痛的效果。

因为死海具有许多神奇的功效，所以每年都有成千上万的游人从世界各地来到死海度假，以求恢复精力和健康。而死海的神奇功效则表现为以下几个方面：

1. 阳光

一年当中，死海几乎天天都能受到阳光的照射。由于该地区在海平面之下，因此阳光要穿过由于海水蒸发而使化学元素形成的天然滤光网以及厚厚的臭氧层，这样当阳光照射在死海上时，部分紫外线已经受到了阻挡，所以人们可以放心地在这里长时间晒太阳，而不用担心被太阳晒伤。

2. 矿物质丰富的大气

死海的海水经蒸发后留下了一大批氧化盐——镁、钠、钾、钙和溴。溴具有极强的镇静作用，在死海周围的空气中，它的密度比地球上任何地方都高出20倍。

3. 矿物质温泉

死海可以说是一个富含矿物质的温泉，它富含高浓度的盐和硫化氢。同时死海黑泥中富含硫化物和矿物质，它们能起到很好地起到保温、清洁皮肤、减轻关节痛的作用。

4. 温度和湿度

死海具有罕见的干燥的暖空气、持续不断的高温和极稀少的雨量。

5. 高气压

死海的气压比地球上任何地方都高，空气中含有大量的氧，会让人感到呼吸顺畅自在。

6. 花粉少

由于气候干燥，周围几乎没有植物，所以没有过敏源。

喜马拉雅山脉——最高大的山脉

在青藏高原的南侧，有一条东西向的巨大山脉，这就是喜马拉雅山脉。其主要部分位于我国与印度、尼泊尔的交界线上。它由许多平行的山脉组成，从南至北分为锡伐利克山、小喜马拉雅山，大喜马拉雅山。全长 2400 千米，宽约 200~300 千米，平均海拔 6000 米以上。四周高峰林立，其中超过 7000 米的山峰有 50 多座，8000 米以上的山峰有 11 座。而世界第一高峰——珠穆朗玛峰就耸立在该山脉中，它雄踞地球之巅，海拔达 8844.43 米，位于中国和尼泊尔的边界上。

◎地貌特征

喜马拉雅山脉最典型的地貌特征就是它的高度。它有着众多陡峭且参差不齐的山峰，令人惊叹的山谷和高山冰川，被侵蚀作用深深切割的地形，深不可测的河流峡谷。复杂的地质构造，表现出动植物和气候不同生态联系的系列海拔带（或区）。从南面看，喜马拉雅山脉就像是一弯硕大的新月，主光轴超出雪线之上，雪原、高山冰川和雪崩全都向低谷冰川供水，从而成为大多数喜马拉雅山脉河流的源头。不过，喜马拉雅山脉的大部分都在雪线之下。曾经创造了这一山脉的造山运动至今仍在发生作用，并时常会发生水流侵蚀和大规模的山崩。

喜马拉雅山脉分为 4 条平行、纵向且不同宽度的山带，而且都具有鲜明的地形特征和特有的地质史。从南至北，依次是外（亚）喜马拉雅山脉，小（低）喜马拉雅山脉，大（高）喜马拉雅山脉，以及特提斯（西藏）喜马拉雅山脉。

巨大的喜马拉雅山脉主要由几条几近平行的山脉组成，形状呈向南凸出的弧形。它的主干部分在中国和尼泊尔境内。自南向北大致可分为三带：南带为山麓低山丘陵带，海拔 700～1000 米左右；中带为小喜马拉雅山带，海拔 3500～4000 米左右；北带是大喜马拉雅山带，是喜马拉雅山系的主脉，由许多高山带组成，宽约 50～60 千米。此地带各山峰终年被冰雪覆盖，俨然一片银色世界。

喜马拉雅山脉有着不对称的形势结构，北坡较为平缓，而南坡则较陡峭。在北坡山麓地带，是我国青藏高原湖盆带，湖滨牧草丰美，是良好的牧场。流向印度洋

的大河，几乎都发源于北坡，切穿大喜马拉雅山脉，形成 3000 ~ 4000 米深的大峡谷，河水奔流，势如飞瀑，蕴藏着巨大的水能。喜马拉雅山连绵成群的高峰挡住了从印度洋上吹来的湿润气流。因此，喜马拉雅山的南坡雨量充沛，植被茂盛，而北坡的雨量较少，植被稀疏，形成鲜明的对比。高山上的自然景观由于山地高度的不断增加也在不断地发生着变化，因此形成明显的垂直自然带。

◎动植物

由于喜马拉雅山脉海拔较高，在不同的海拔地带的植物，有不同的类别，大体可以分为 4 带，即热带、亚热带、温带及高山带，它们主要是根据海拔和雨量划分的。地形、气候、光照和风的差别，造成每一带内植被构成的相当大的区别。热带常绿雨林分布于东喜马拉雅山脉和中喜马拉雅山脉潮湿的丘陵地带。常绿龙脑香科森林是一个可产常见的木材和树脂的树群，它们的异种生长在不同的土壤上和陡峭程度互异的山坡上。铁木可见于 183 ~ 732 米的高度；竹子则生长在陡峭的山坡上；栎树和栗木生长在石质土上；桤木可见于较陡的山坡水道沿线。在更高处，它们为山地森林所取代，林中典型的常绿树是一种露兜树。除了以上这些树外，据统计，还约有 4000 种可以开花的植物生长在东喜马拉雅山脉，其中 20 种为棕榈。

喜马拉雅山脉的动物大多来自于华南和中南半岛地区。这些动物是可以在热带森林中找到的动物类型，其次才是那些适应了在较高海拔和较干的西部地区的亚热带、山地和温带的动物类型。然而，西喜马拉雅山脉的动物却与地中海、伊索比亚和土库曼这些地区的动物有着较多的相同之处。在该地区曾存在过一些热带动物，例如长颈鹿与河马，这从外喜马拉雅锡瓦利克山脉沉积层的化石遗迹便可以推断出来。生存在树线以上高度的动物几乎完全由适应寒冷气候的当地特有物种构成，它们是在喜马拉雅山脉升高后从草原动物进化而来的。大象、美洲野牛和犀牛生存于尼泊尔南部被低矮山麓森林覆盖的达赖地区的某些区域——现在已成为大体疏泄的湿地或沼泽地。印度犀牛曾在整个喜马拉雅山脉的丘陵大量存在过，但是现在却已濒临灭绝。而麝和喀什米尔鹿也快到了灭绝的程度。喜马拉雅黑熊、云豹、长尾叶猴和猫，也是喜马拉雅山脉森林中其他恒生动物的一部分。此外，喜马拉雅岩羚羊，如塔尔羊，今天我们仍还可以见到。

在树线以上更高的地方，我们偶尔还能够见到雪豹、棕熊、小熊猫和犛牛等动物其中犛牛已被驯化，在拉达克被用作役畜。然而，树线以上的典型栖息动物是昆虫，它们在高达 6309 米的山地上仍能存活。

雪豹

◎居民

印度次大陆上有三个主要的种族集团，即印－欧人集团、藏－缅人集团和达罗毗荼人集团。其中前两个集团在喜马拉雅山脉中都有对应的社区，尽管他们在不同地区以不同比例混合在一起。他们的分布是欧洲人集团、印度各民族和亚洲人部落间漫长的历史渗透的结果。在喜马拉雅山脉中部的尼泊尔，这些集团相互交织和融合。对于低喜马拉雅山脉的渗透，促成了进入和通过南亚河流平原通道移民的活动。一般来说，大喜马拉雅山脉和特提斯喜马拉雅山脉居住着藏族和其他藏－缅民族，而小喜马拉雅山脉则是印－欧人之家，这个种族的人的典型特征就是高大白皙。在查谟和喀什米尔的外喜马拉雅山脉地区，印－欧人社会被称为多格拉王朝。在小喜马拉雅山区生活的加迪人和古加利人，也属于印－欧人集团。加迪人实质上是一种山地民族；他们畜养有大量的绵羊和山羊，一年有几个月的时间都在外喜马拉雅山脉生活，只有在冬季他们才和羊群一同离开在外喜马拉雅山脉雪域的住所到山下来，而到了次年 6 月则再返回雪域的牧场。而古加利人也是一个游牧民族，他们主要畜养的牲畜有绵羊、山羊和牛，他们可以在各种高度为自己的牛羊寻找牧场。

◎经济

这一带山脉的经济状况与这一由各种地质带构成的广阔而又多样的地区内可利用的有限资源相适应。畜牧业是该地区居民主要的经济产业，但是对野生生物群的利用和贸易也举足轻重。喜马拉雅山脉有肥沃的耕地、辽阔的草原和森林、可以开采的矿藏及易于驾驭的水力资源。在西喜马拉雅山脉中最多产的耕地是喀什米尔河谷、冈格拉河谷、苏特莱杰河流域和在乌塔拉坎德的恒河及亚穆纳河侧翼的台地；这些地区主要种植一些水稻、小麦和黍类等。在尼泊尔境内的中喜马拉雅山脉，2/3 的耕地都在山麓或毗邻平原。同时尼泊尔的水稻大部分都产自于此，在这一地区的农作物还有马铃薯和甘蔗等。

青藏高原——世界最高的高原

青藏高原，被称为中国最大的高原，同时也是世界平均海拔最高的高原。它的大部分在中国西南部，包括西藏自治区的全部和青海省的全部、四川省西部、新疆维吾尔自治区南部以及甘肃、云南的一部分，还包括不丹、尼泊尔、印度、巴基斯坦、阿富汗、塔吉克斯坦、吉尔吉斯斯坦的部分地区，总面积250万平方千米，平均海拔4000~5000米，有“世界屋脊”和“第三极”之称。这里还是亚洲许多大河的发源地。

◎形成原因

如果要探究青藏高原的地质历史，能够追溯到距今4亿~5亿年前的奥陶纪，此后青藏高原地区各部分曾有过不同程度的地壳升降，或为海水淹没，或变为陆地。到2.8亿年前（地质年代的早二叠世），现在的青藏高原变成了波涛汹涌的辽阔海洋。这片海域横贯现在欧亚大陆的南部地区，与北非、南欧、西亚和东南亚的海域沟通，称作“特提斯海”、或“古地中海”，当时特提斯海地区的气候温暖，成为海洋动植物发育繁盛的地域。它的南北两侧是已被分裂开的原始古大陆（也称泛大陆），南边称为冈瓦纳大陆，主要包括现在的南美洲、非洲、澳大利亚、南极洲和南亚次大陆；北边的大陆叫作欧亚大陆，也叫劳亚大陆，它主要包括现在的欧洲、亚洲和北美洲。

在2.4亿年前，因为板块运动，分离出来的印度板块快速向北移动、挤压，它的北部发生了强烈的褶皱断裂和抬升，促使昆仑山和可可西里地区上升为陆地，随着印度板块继续向北插入古洋壳下，并推动着洋壳不断发生断裂，约在2.1亿年前，特提斯海北部再次进入构造活跃期，北羌塘地区、喀喇昆仑山、唐古拉山、横断山脉脱离了海洋；到了距今8000万年前，印度板块继续向北漂移，又一次引起了强烈的构造运动。冈底斯山、念青唐古拉山地区急剧上升，藏北地区和部分藏南地区也

脱离海洋成为陆地。整个地势宽展舒缓，河流纵横，湖泊密布，其间有广阔的平原，气候湿润，丛林茂盛。高原的地貌格局基本形成。在地质学上，把这段高原崛起的构造运动称作喜马拉雅运动。由于青藏高原的抬升过程并非是匀速的，更不是一次性的增高，它是经过了数个不同的上升阶段。在这一次次的抬升过程中，高原地貌也不断地得到演进。

在距今 1 万年前，高原得到迅速抬升，它在以平均每年 7 厘米的速度上升，并且成为当今地球上的“世界屋脊”。青藏高原是世界上最年轻的高原，2.4 亿年前，印度板块开始向北挤压亚洲板块，由此引起昆仑山脉和可可西里地区的隆起。随着印度板块不断向北推进，并不断向亚洲板块插入，青藏高原在上升阶段中形成。在青藏高原形成的漫长过程中，它上升的速度也曾经几度停止，还有些时候会很迅速。在 1 万年前，它的上升速度就曾经达到每年 7 厘米。

青藏高原是亚洲中部的一个高原地区。它的边界，向东是横断山脉，向南和向西是喜马拉雅山脉，向北是昆仑山脉。它主要包括中国西藏自治区的全部、青海省的全部和新疆维吾尔自治区、甘肃、四川、云南等省的部分地区，不丹、锡金、尼泊尔、印度、巴基斯坦、阿富汗、塔吉克斯坦、吉尔吉斯斯坦的部分地区或全部，总面积达 250 万平方千米。

◎地理特征

青藏高原的四周有很多山脉，它们大多数呈从西北向东南的走向，相对于高原外的地面，它们陡然而起，其中南部的喜马拉雅山脉的多座山峰名列世界前十位，尤其是珠穆朗玛峰，为世界最高的山峰。同时青藏高原内部除平原外还有许多高度悬殊的山峰。在高原上面，还形成了许多冰川、高山湖泊和沼泽，亚洲很多重要河流的源头都在这里。

◎气候特征

因为高度太高，所以青藏高原的空气很干燥、稀薄，太阳辐射很强，气温很低。由于其地形的复杂和多变，青藏高原上的气候也随地形的不同而有很大变化。总的来说高原上降雨比较少。青藏高原本身也是影响地球气候的一个重要因素。古生物学和地质学的考察表明，青藏高原的隆起使全球的气候发生了巨大的变化。作为一个高大的阻风屏，它有效地将北方大陆的寒冷空气阻挡住了，使它们无法进入南亚。并且高大的喜马拉雅山脉阻止了南方温暖潮湿的空气北下，这也是导致南亚雨季的一个重要原因。

◎文化

与适宜人类居住的平原相比，青藏高原上可以说是人烟稀少。可是尽管这样，这里在两万年前就已经有旧石器文化的人类生存了。青藏高原上的文化也受到它周围其他文化（汉文化、西域文化和印度文化）的巨大影响，不过同时它也保留了自己的独特性。

西西伯利亚平原——亚洲最大平原

西西伯利亚平原，被称作亚洲第一大平原，同时也是世界第三大平原。南北长2000千米，东西宽1500千米，面积300万平方千米。南部海拔220~300米，中、北部海拔50~150米。自北而南，苔原、森林、森林草原、草原景观平行分布，具有典型的纬度地带性分布规律。大部分地区为亚寒带针叶林所覆盖。有叶尼塞河、鄂毕河、额尔齐斯河、塔兹河等河流。在中部和北部地区，人口密度很低，南部则随着对燃料、金属资源的开发而迅速发展，并逐渐形成了以库兹巴斯煤田、秋明油田、托木斯克铁矿为中心的大工矿业基地。

西西伯利亚平原主要位于俄罗斯境内，西起乌拉山麓，东至叶尼塞河谷，北临喀拉海，南抵图尔盖高原、哈萨克褶皱地区和阿尔泰山地，面积约300万平方千米。主要河流有鄂毕河、额尔齐斯河及叶尼塞河。这个地区由古老的地壳和水平沉积层构成，冰河时期的沉积层向南延伸至鄂毕河与额尔齐斯河汇合处，在个别地方形成丘陵和山岭，而其他的广大地区却很平坦且没有排水渠道，这里的植被大多都是针叶林。

在西西伯利亚平原，石油、天然气资源非常丰富。中部和北部人口密度很低，南部随着对燃料、金属资源的开发而不断发展，形成了以秋明油田、库兹巴斯煤田、托木斯克铁矿为中心的工矿业基地。森林总面积达到6000万公顷。在平原南部的巴拉宾、伊希姆和库隆达草原多数已经被开垦，现在已经成为全俄最重要的乳用畜牧业基地和谷物产区之一。

西西伯利亚平原有一个特点，就是南高北低，它80%的面积是平原。西西伯利亚平原北部位于阿尔泰山和萨彦岭以北，直至北冰洋，以及乌拉尔山以东至叶尼塞河的广大地带，包括秋明州、鄂木斯克州、新西伯利亚州、托木斯克州及阿尔泰边疆地区、克麦罗沃州的部分地区。西西伯利亚平原海拔为100～150米左右，是世界最低的平原之一，也称为西西伯利亚低地。这里的特点是沼泽地多，占平原的50%以上。因为接近高寒地带，气候极为寒冷，动植物稀少。西西伯利亚平原冬夏温差变化极大，夏季酷热而短暂，南部一般为20℃，最高可达35～40℃。北部通常在10℃左右。北部1月份平均气温为−20～−25℃，最冷可达−50～−52℃以下。西西伯利亚平原的冬季非常干燥，夏季少雨。平原北部年均降水量不超过400毫米，南部为400～500毫米。

西西伯利亚平原极北地区为冻土带，南部为森林冻土带。因为地势低洼，蒸发量小，排水性差，所以虽然雨量并不大，仍形成许多湖泊和沼泽。一到夏天，西西伯利亚平原常常就会是汪洋一片。在这宽广辽阔的大平原上，蕴藏着非常丰富的石油、天然气和其他资源。

西西伯利亚平原的南部大部分是山区，面积大约为50万平方千米。阿尔泰山脉是这里最大的山脉。阿尔泰山脉最高处为4506米。整个山脉由东向西倾斜，由4000米降至1000米，绵延到额尔齐斯河的山脉高度仅仅只有800多米。阿尔泰山脉地貌复杂，山岭上常年积雪，山谷盆地区域开阔平缓，一部分地区还有辽阔的冰川。此外，这里还蕴藏着很多宝贵的矿产资源。

◎极端寒冷的平原

西西伯利亚平原有着极端寒冷的气候。在冬天，一碗碗、一桶桶牛奶被冻成了冰块；放在露天的钢铁失去了韧性，一折就断；卡车的司机要特别小心，否则，稍受震动，橡胶轮胎就会崩裂。西伯利亚东北部的奥伊米亚康村，被称作“北半球的寒极”。这个村庄从每年的12月到第二年的2月，月平均气温均在−45℃以下，最低的时候曾经达到过−71℃。

在这里，有着极厚的永久冻土层，最厚的地方竟然可达到1377.6米，比我国青藏高原的最厚冻土层还要厚好多倍。在一些村子里，能够看到一些歪歪斜斜的木屋，有的已经有一半陷入地下。这也是冻土层所导致的。当冻土表层融化之后，地基就会变得很松软。因为每个部分受力不均匀，那么房屋也就东倒西歪了。

在西西伯利亚平原上，有两条很重要的河流。一条是鄂毕河，是由比亚河和卡通河在阿尔泰山区汇合而成，北流注入喀拉海，全长5410千米，水量居全国第三位。另一条河是额尔齐斯河，该河系鄂毕河支流，源于我国新疆的阿尔泰山。在整个西西伯利亚地区有大小河流 2100 多条，总长度达到 25 万多千米，能够通航的河流达到 63 条，总长度一共是 4.2 万多千米。所以，水利资源也是这一地区所特有的自然优势。

◎西西伯利亚平原的资源

在西西伯利亚平原，有很多有待开发的肥沃的黑钙土、褐钙土土地；著名的西伯利亚森林覆盖了西西伯利亚地区的大部分地域，它的木材蓄积量占原苏联木材总蓄积量的 3/4 以上；星罗棋布的大小湖泊以及数以千计的大小河流使西西伯利亚地区拥有大量的水力资源。世界上最大的淡水湖——贝加尔湖的淡水储备量达到了 2.36 万立方千米，约占全世界淡水储量的 20%，占原苏联淡水储量的 80%以上。西西伯利亚是原苏联最大的淡水鱼产区，淡水鱼产量占原苏联淡水鱼总产量的 1/4 以上。另外，东西伯利亚地区的贝加尔湖与叶尼塞河、勒拿河流域，都是世界重要的淡水鱼产区。

西西伯利亚作为游牧民族的生息地，也曾遭到入侵。从 16 世纪下半叶开始，沙俄越过乌拉尔山向西西伯利亚扩张，并割去了原属中国的大片土地。1895 ~ 1905 年西伯利亚大铁路修建后，这个地区开始大规模开发，以俄罗斯民族为主的人口大量东移。苏联第一个五年计划期间（1928 ~ 1932 年），库兹涅茨克大煤田及西伯利亚大铁路沿线的工业得以快速发展。20 世纪 50 年代开始实施安加拉河、叶尼塞河的水力资源开发，到 60 年代中期开始开发西西伯利亚大型油气田。

20 世纪 70 年代中期，苏联开始修建长 4275 千米的第二条西伯利亚铁路，也就是贝加尔——阿穆尔铁路（泰舍特——苏维埃港），并于 1984 年 11 月建成通车。西伯利亚是重要的能源和原材料基地，在此基础上，石油化工、煤化工、有色金属开采、冶金工业也很发达，钢铁工业已初具规模，机械工业也有发展，但还很薄弱。农业以西伯利亚南部比较发达，肉、小麦和乳用畜牧业为主要部门。西伯利亚人口大约为 4000 万，俄罗斯人占 80%以上，乌克兰人和白俄罗斯人大约占 5%，其他还有科米人、雅库特人、图瓦人等。这些地区的人口沿着铁路线分布。现在，西伯利亚城市主要包括新西伯利亚和克拉斯诺亚尔斯克等。

阿拉伯半岛——世界最大半岛

阿拉伯半岛的位置在亚洲和非洲的中间，它从中东向东南方伸入印度洋，被称作世界上最大的半岛。阿拉伯半岛西方与非洲的边界就是苏伊士运河、红海和曼德海峡，向南伸入阿拉伯海和印度洋，向东与伊朗隔波斯湾和阿曼湾相望。沙特阿拉伯、也门、阿曼、阿拉伯联合酋长国、卡塔尔和科威特、约旦、伊拉克等国家都位于阿拉伯半岛上。其中以沙特阿拉伯国土面积最大。半岛南靠阿拉伯海，东临波斯湾、阿曼湾，北面以阿拉伯河口——亚喀巴湾顶端为界，和亚洲大陆的主体部分相连接。这个半岛的南北长约 2240 千米，东西宽约 1438 千米，总面积达到 322 万平方千米。

阿拉伯半岛上最大的城市是沙特阿拉伯，如果按照按国土的大小来分，除沙特阿拉伯外，依次是也门、阿曼、阿拉伯联合酋长国、科威特、卡塔尔和巴林。

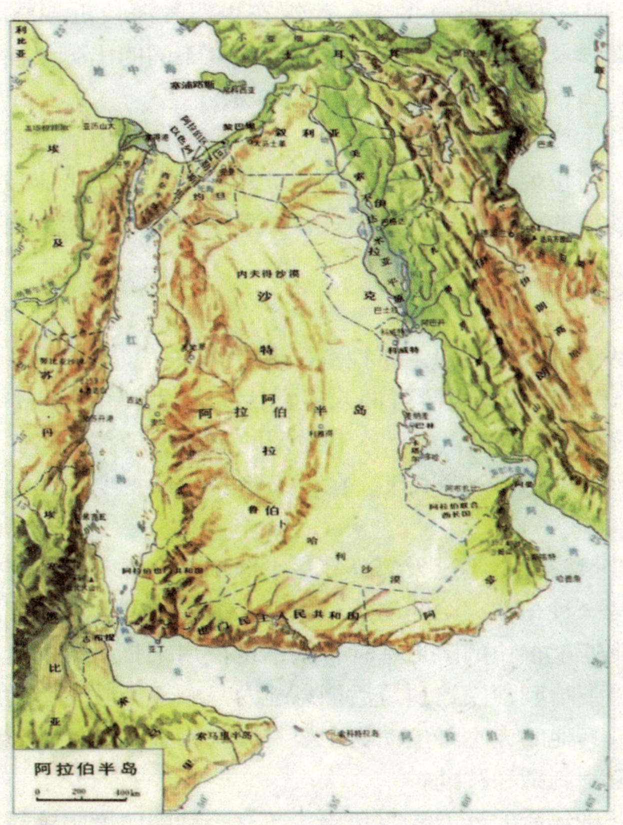

阿拉伯半岛长年受副热带高气压及信风带控制，气候很干燥，差不多整个半岛都是热带沙漠气候区，并有面积较大的无流区，这个地区有 7 个无流国，农耕时不得不用地下水。炎热干燥的气候导致大片沙漠的形成，这里的沙漠面积约占阿拉伯半岛总面积的 1/3。位于半岛南部的鲁卜哈里沙漠，面积达到 65 万平方千米。

阿拉伯半岛上几乎无法种植农作物，这里的居民主要是以放牧为生，多数放养骆驼。当地出产的阿拉伯马和阿拉伯骆驼在世界上都很有名。阿拉伯半岛及附近的海湾中蕴藏着大量的石油和天然气，岛上许多国家都以此为经济支柱。沙特阿拉伯可以说是全球石油储

量最多的国家，它们的石油工业产值占 GDP 的 80%以上，被称作“石油王国”。

阿拉伯半岛是伊斯兰教的复兴地。伊斯兰教的复兴者穆罕默德在这里出生和生活。阿拉伯半岛上的麦加是伊斯兰教的圣地。以阿拉伯半岛为中心的阿拉伯帝国曾横跨亚、欧、非大洲。现在阿拉伯半岛上所有国家都奉伊斯兰教为国教，每年，全世界都会有很多伊斯兰教徒前往沙特阿拉伯西部的城市麦加和麦地那朝觐。

阿拉伯半岛的位置在亚洲的西南部，北面以亚喀巴湾北端至阿拉伯河口一线为界。它地处亚、欧、非三大洲的战略要冲，自古以来就是世界贸易和人类文明发展的重要通道。不管是以前还是现在，阿拉伯国家始终在世界大舞台上扮演着重要的角色。

作为伊斯兰教的发源地，阿拉伯半岛是阿拉伯帝国的摇篮。要了解阿拉伯的历史，首先就要了解阿拉伯半岛的地理形势、种族的产生与分布及古代的政治、社会、宗教及重要的传说和神话。

阿拉伯半岛地域非常广阔，面积达 300 万平方千米，大约是欧洲的四分之一，美国的 1/3。阿拉伯半岛位于亚洲的西南部，北界叙利亚沙漠，南滨印度洋，东接波斯湾和阿曼海，西临红海。阿拉伯半岛西高东低，从西部向东部的波斯湾和美索不达米亚低地倾斜，这个半岛的脊柱是一条自北向南走向的山脉，与阿拉伯半岛西海岸线相平行，山脉的北端在米甸，海拔 3000 多米，南端在也门，海拔近 5000 米，阿拉伯半岛的东、西、南三面以及海滨低地的背后，都有高度不同的山脉。在东海岸上的阿曼有一座山，名叫绿山，它的最高峰海拔近 3300 米。

除了山脉和高地，阿拉伯半岛主要以沙漠和草原为主。草原是各沙丘中间的圆形平原，下面蕴藏着大量的水源。阿拉伯半岛北部的叙利亚旷野和美索不达米亚旷野，大半是辽阔的草原，叙利亚沙漠的南部俗称哈马德。在美索不达米亚的南部地区，人们将其通称为伊拉克旷野或萨马瓦露天地。

◎生态环境

骆驼始终都是阿拉伯人赖以从事游牧生活的主要牲畜，没有骆驼，贝都因人就无法远离人类饮用水的水源，靠饮用骆驼的乳汁可深入沙漠达数月之久。骆驼能为人们提供肉食、衣服、燃料（粪便）、运输以及驮水和拉犁的畜力。现在，骆驼作为运输工具的作用，已被被四轮驱动车全部取代，在今天骆驼已经主要作为家畜饲养。

在当地，绵羊和山羊的养殖数量较多，不过大部分都是小群饲养，并不是大规模放牧。阿拉伯马在阿拉伯半岛是一种正在灭绝的动物，但现在很多国家都在培育这种马。许多贝都因人都养有奔跑速度很快的萨卢基狗，驯隼也被用来打猎。过度捕猎已使羚羊数量急剧减少，在鲁卜哈利沙漠这块最后栖息地内只剩下为数不多的羚羊，高地山羊也很稀少。此外，其他的大型野生动物主要有鬣狗、狼和胡狼，而小型动物主要有有狐狸、蜜獾、兔、刺猬和跳鼠。

在阿拉伯半岛的沙漠里，有一种致命的沙漠蛇叫角蝰，还有一种同印度眼镜蛇

大不一样的眼镜蛇。蜥蜴包括沙漠巨蜥和在沙中出没的小石龙子。鸵鸟已开始绝迹，鹰、秃鹫和鹗还很常见，常用猎隼来捕猎数量较少的鸨。红鹳、鹈鹕、白鹭和其他海鸟时常出没于沿岸地区。鸽子、杜鹃、燕子和戴胜之类的小鸟可在城市和沙漠的绿洲中见到，而沙松鸡、百蜜和走鸻则栖息在沙漠里。大群的蝗虫时常降临，造成灾难，所过之处，绿色植物被吞吃一空。另外，其他常见的昆虫主要有蚊子、蜱虫、甲虫、蝎子和蚂蚁，有的沙漠深处甚至还有可能出现苍蝇。还有个别地方的人会养蜂酿蜜。

在阿拉伯半岛，也有极少的海域出产鲭鱼、金枪鱼、石斑鱼、鲷鱼和其他的食用鱼以及虾类。南部沿岸的近海有大量的鲨鱼和沙丁鱼。鲸偶尔也进入波斯湾。除了海拔很高的地区和佐法尔外，几乎到处都生长海枣，在佐法尔的沿岸地区则生长有椰子树。谷物以小麦、高粱、大麦和小米为主。稻搭配小麦用作口粮，但本地很少种稻。少数地方如亚丁湾附近的艾卜扬适于种植棉花。和蔬菜相比较，通常阿拉伯人更喜欢水果，他们尤其喜欢吃西瓜、石榴和枣子。阿拉伯半岛上有一个叫布赖米的地方，以产芒果闻名。此外，阿拉伯半岛也出产无花果、葡萄、香蕉、仙人果和其他水果，在绿洲还盛产枸橼和爪哇扁桃。

与其他岛屿不同的是，阿拉伯半岛上几乎没有树木。在西南高地上的一丛丛的桧树有点像真正的树林。阿拉伯半岛上常常成排地种植耐旱的柽柳以阻止流沙侵蚀。被称为“亥姆”的树叶含有足够的盐分，能够满足骆驼对盐的需要。这里的多年生坚韧植物就像春、冬两季受雨水润泽的一年生柔嫩植物一样，非常有利于人类的生存。

阿拉伯半岛地处北纬 13°～20° ，北回归线横贯其中，属于热带荒漠气候，气候干热，大陆性强。年平均气温在 20℃以上，最高气温能够达到 50～55℃，是世界最热的地区之一，最冷月平均气温多在 15～24℃之间。大部分地区年平均降水量不足100毫米，北部地区冬季因受地中海气候影响，年降水量可达200毫米左右。也门高地和南部沿岸山前平原，夏季因受印度洋气流和地形的影响，年降水量可达500～1000毫米。因此半岛中部沙漠广布，热带草原分布于沙漠四周。只有在山前沿海平原和内陆地势低洼及地下水位较高处，才分布有狭窄或零星的绿洲，灌溉农业和畜牧业相对发达，人口比较集中。较大绿洲有也门高地沿岸狭窄平原，以胡富夫为中心的艾赫萨绿洲，以利雅得为中心的海尔季绿洲等。在这些绿洲中盛产椰枣。南部沿海平原盛产热带作物，比如咖啡、橡胶、芒果等。

阿拉伯半岛位于热带，太阳辐射强烈，常年受热带大陆气团控制，周围又多是高大山地高原和炎热地区，很少受到海洋湿润气团的影响。因此，这里的热带干旱气候具有非常强烈的大陆性，炎热、干燥、少雨。

◎资源与经济

就经济价值来说，石油可以说是能够带来极大利益的矿产资源。阿拉伯半岛上的石油储量居世界第一。波斯湾沿岸盛产石油，有“世界油海”的称号。

除也门的矿床之外，阿拉伯油田与伊朗和伊拉克的油田处在同一个巨大的冲积盆地内。尽管伊朗于1908年已发现石油，但直到1932年才在盆地内的阿拉伯一侧——巴林发现第一个油田。此后在阿拉伯半岛东部开始广泛勘探，并很快深入到内陆地区。1938年在沙特阿拉伯、1940年在科威特和卡塔尔、1951年在沙特阿拉伯波斯湾近海、1953年在沙特阿拉伯和科威特中立地带的大陆内、1958年在阿布达比近海、1960年在沙特阿拉伯科威特中立地带近海和阿布达比大陆、1964年在阿曼、1983年在南也门、1984年在北也门相继发现石油。尽管油田中有很多的伴生天然气，但如果想要商业化利用这些天然气仍然需要巨额投资。有一部分天然气经过液化后供国内消耗并出口，而另外一部分则会重新注入含油层储存，并保持产油压力。

在今天，阿拉伯国家也正在致力于经济多样化，在汉志北部和内志已发现铁矿。阿拉伯国家的其他资源还有重晶石、石膏、盐、制水泥用的石灰、制砖和陶器用的黏土、制玻璃用的石英砂和页岩、大理石和建筑用石料等，有些已在开发中。波斯湾的牡蛎养殖场生产珍珠，采珠曾一度是致富和有利可图的职业。巴林是采珠业的主要中心。自1931年之后，因为全球范围内的大经济萧条和来自日本人工养殖珍珠的竞争，以及劳动力流向报酬多、劳动低的工作，使得阿拉伯国家的珍珠贸易一路滑坡。

水源匮乏和土壤贫瘠阻碍了阿拉伯国家农产品出口贸易的发展。有一部分国家在改善灌溉系统和扩大耕地面积方面取得了进展，有个别国家已经在出口水果。

马来群岛——世界最大的群岛

马来群岛，又称作东南亚岛屿区，也称南洋群岛，是全球最大的岛群，它位于亚洲东南部太平洋与印度洋之间辽阔的海域上，由印度尼西亚 17000 多个岛屿和菲律宾约 7000 个岛屿组成，通常包括新几内亚岛，而不包括西北方的安达曼群岛、尼科巴群岛及东方的俾斯麦群岛。总陆地面积 247 万 5249 平方千米，大约占据世界岛屿面积的 20%。它沿着赤道延伸了 6100 千米，南北的最大宽度是 3500 千米。

◎地理特征

算起来，马来群岛的“家族成员”大大小小共有 2 万个以上，总面积达到 255 万平方千米，人口很多。在这 2 万多个岛屿中，有名有姓的海岛，只占总数的 1/5，其余都是“无名小卒”。绝大部分岛屿无人居住，而有人居住的岛，只占岛屿总数的 1/10，数目也是极少的。在全球所有的群岛中，不管是岛屿的数目，还是岛屿面积、人口，马来群岛都名列前茅，这是其他任何群岛都无法比拟的。

在印度尼西亚，它的主要岛屿和岛群有大巽他群岛、小巽他群岛、摩鹿加岛、巴布亚岛。菲律宾主要岛屿包括吕宋岛、民答那峨岛、米沙鄢群岛。马来群岛还包括马来西亚、汶莱、巴布亚新几内亚。马来群岛位于太平洋和印度洋之间，环抱苏禄、西里伯斯、班达、摩鹿加、巽他、爪哇、弗洛勒斯和萨武诸海。这些岛屿的西面和亚洲大陆之间有马六甲海峡和南海，北面和台湾之间有巴士海峡，南面和澳大利亚之间有托雷斯海峡。

就地形来说，马来群岛最主要的地形是山地，并且大多分布在岛屿中部。平原很狭小，多分布在沿海，只有爪哇岛北部和苏门答腊岛东部平原面积较大。马来群岛位于地壳运动活跃的地方，由于三大板块（太平洋板块、印度洋板块和亚欧板块）彼此挤压，时常引发地震。在地壳隆起形成山地的同时，地下灼热的岩浆也顺地缝上涌，在地面喷发形成火山。印度尼西亚和菲律宾是东南亚火山数量最多的国家，这些火山主要分布在印度尼西亚的苏门答腊岛、爪哇岛、努沙登加拉群岛和菲律宾的一些岛屿上。这些岛屿呈弧形自东向西延伸，所以被人们形象地称作“灯火走廊”，同时这里也是世界上地震和火山的多发区，也是东南亚“最不安全”的区域。

◎形成因素

如果从地壳活动的特点来分析，马来群岛的形成主要有以下几个原因：

1. 若从板块“运移”来分析，这里处在向西移动的太平洋板块和向北移动的印度板块、澳大利亚板块交接的地带。于是，由于几大板块间的相互碰撞挤压，促使这里的地壳褶皱隆起，并渐渐突出海面，最终形成海岛。

2. 海岛通常濒临大洋海沟，海沟地带破碎，会频繁发生火山、地震活动，极易形成火山岛。

3. 这里有非常宽阔的大陆架，大陆架是大陆的“本家”，并且随着海陆的沧桑变化，又能够形成面积较大的大陆岛。

◎气候特点

马来群岛的气候特点有两种类型。印度尼西亚群岛全年高温多雨，是典型的赤道气候。但由于受位置（分居南北半球）和地形等因素的影响，内部气候仍有差异。另一方面，印度尼西亚群岛的气候介于亚、澳两种大陆气候之间，亦兼有热带季风气候的特色，这是印度尼西亚群岛气候与非洲和南美大陆赤道多雨气候的不同之处。菲律宾群岛属于典型的海洋性热带季风气候，全年炎热、湿润，一年分两季，随着季风方向的变换，雨量的季节分配与空间分布也会发生变化。除上述特点之外，剧烈台风的频繁现身也是菲律宾群岛气候的重要特点之一。

由于受到地形和气候条件的制约，马来群岛的水系通常短小湍急，河流的地面蚀低率也比较大。马来群岛的自然植被分属于热带雨林和热带季风林；土壤是与其相适应的热带土壤类型；马来群岛的动物界成为亚、澳两大陆动物种类的分界处。除菲律宾北部外，几乎所有岛屿都在赤道 10° 之内，这里的平均气温是 21℃，年降水量从 100 毫米至 500 毫米不等，有些地区甚至超过了 2000 毫米。

◎居民及经济

马来群岛上的居民多数信仰伊斯兰教，也有人信仰佛教和回教。居住在东南亚的马来西亚、印度尼西亚、泰国、新加坡、文莱和其他国家仍以马来人为族称的居民，多为新马来人的后裔，社会、经济和文化比较发达。随着历史的发展，这些马来人之间也开始出现差异，各具民族特点。马来西亚的马来人，自称马来由人。主要分布在马来半岛中南部和沙捞越地区。多混有华人、印度人、泰国人和阿拉伯人的血统，使用马来语，属南岛语系印度尼西亚语族，有多种方言。原用阿拉伯字母文字，后改用拉丁字母。原信仰印度教、佛教和万物有灵，15 世纪末大多改信伊斯兰教，属逊尼派。有部分人信仰基督教和天主教。家庭组织除南部森美兰州母系制占优势外，一般都为双系制。马来人通常以农业种植为主，多种植水稻、橡胶、椰子、咖啡、金鸡纳树和油棕等，他们有很好的蔬菜栽培技术，此外，他们的渔业和航海业也很发达。

第02章 非洲

非洲是世界第二大洲，位于亚洲的西南面，其东濒印度洋，西临大西洋，北隔地中海与欧洲相望。非洲大陆北宽南窄，呈不等边三角形，地形以高原为主，地势比较平坦。面积约为 3020 万平方千米，约占世界陆地总面积的 20.2%，面积仅次于亚洲。人口约有 7.23 亿（1994 年），约占世界总人口的 12.8%。由于非洲大陆部分地区位于南北回归线之间，所以素有“热带大陆”之称。该区经济结构比较单一，整体上经济发展较为落后。

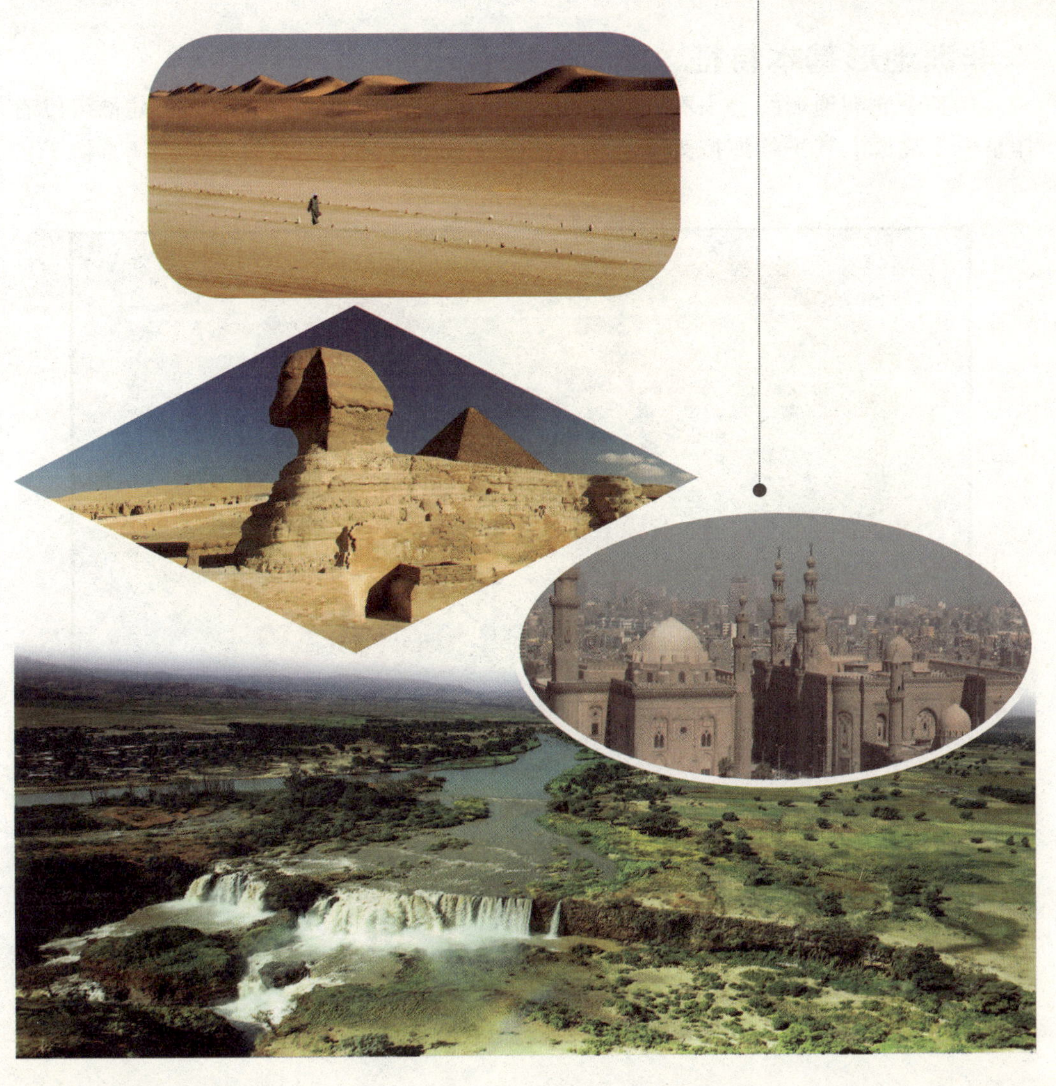

地理概述

整个非洲大陆可以说是从狭长沿海地带陡然升起的一片宽阔的高原，非洲地质是由上古结晶岩块构成。高原的东南部较高，然后向东北方向下倾。总体而言，高原可分为东南部分和西北部分。西北部分有撒哈拉沙漠和众所周知的北非马格里布地区。有两条山脉：西北非的阿特拉斯山脉，人们认为这是伸入至南欧山系的一部分；还有撒哈拉的阿哈加尔山脉。大陆的东南部有两处高原，分别是伊索比亚高原、东非高原。而南非的东部有龙山山脉，其东部高原的边缘如陡坡般下倾。

◎非洲地形基本特征

从整个非洲地形图上来看，除了西北部和南部地区外，整个非洲大陆都可以看作是一个高原。其平均海拔为650米，略低于亚洲大陆，但高原面积广阔，位于各

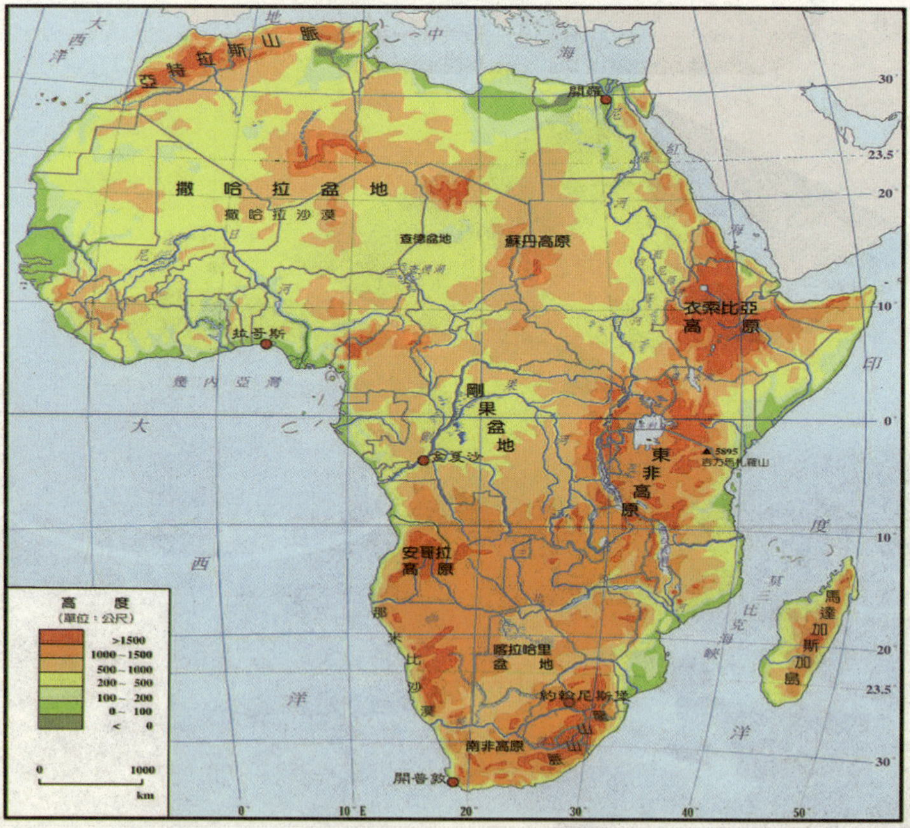

洲之首。非洲的地形的基本特征有以下三点：

第一，高原占绝对的优势。非洲高原有着清晰的边缘，高原与海岸之间有一条平原地带。平原一般不宽，从分层设色的地形图上看，它好像是为高原镶嵌的绿边。利比亚、毛里塔尼亚、莫桑比克及南非境内有较宽的平原，但宽度也不过几百千米。东北部及南部沿海平原最狭窄，有些地段几近消失。平原上分布有高低不等的陡崖，而从这些陡崖向内，就是非洲大高原了。

非洲的高原景色单调，地表如微波状起伏，可延展几百千米。当然，有些地区在海拔和形态上也有明显的差异，如凹陷的盆地、凸起的高原、陡崖和幽谷等。这些形态各异的地形、地貌在一定程度上使非洲高原地形复杂化，但非洲高原的基本面貌却没有改变。

第二，非洲广泛分布着断裂地形。位于非洲大陆边缘的陡崖是冈瓦纳古大陆分裂时地壳断裂的产物。虽然广泛分布于西非的那些延伸几百千米、高达几十米至几百米的阶地也是断裂作用造成的，但相比之下，断裂地形最初的发育地带仍是东非。

从埃塞俄比亚东部起，有一条大的断裂谷地自东北向西南延伸，直至图尔卡纳湖。自此向南，它纵贯肯尼亚而至纳特龙湖。再向南，在坦桑尼亚境内，裂谷的形态不甚明显。更南至马拉维湖盆地一带，典型的裂谷再度出现。该湖尾部希雷河也是通过裂谷流入赞比西河的。这是裂谷带的东支。从马拉维湖的北端起有另一条裂谷，它先向西北延伸，再转向东北，呈弧状。坦噶尼喀湖以北的一连串湖泊都位于裂谷带内，这也是裂谷带的西支。

此外，位于坦噶尼喀湖东侧的鲁夸湖盆地、卢安瓜河谷及赞比西河中游河谷，都是大裂谷带的一部分。至于萨比河和林波波河的部分河谷，虽然它们离裂谷带较远，且生成的时间也早于东非大裂谷带的生成时间，但从其形态上来看，它们仍是断裂谷地。

虽然东非大裂谷带，各段的走向不尽相同，其宽度、深浅各异，谷壁和谷底的海拔也不一样，但裂谷的形态却是十分明显的。各段都有着陡峭的谷壁和平坦的谷底。裂谷的形成主要由于张裂作用，但局部地区也有压性征象。东非裂谷带通过红海北接西亚裂谷带，从而形成陆地上最长的一条裂谷带。从这点来看，东非大裂谷带是遍布全球陆面和洋底的巨大断裂系统的一部分。

第三，非洲大陆上极少有褶皱山脉。非洲高原上的巍峨高山绝大多数是火山体。但也有一个例外，那就是东非的鲁文佐里山，它是一座断块山。

令人难以置信的是，在整个非洲大陆上只有两条褶皱山脉。一条是大陆南端的开普山脉；另一条是西北部的阿特拉斯山脉。它们虽然占有一定的面积，但从全大陆看，它们的范围还是很小的。褶皱山脉少的原因是非洲古陆的历史悠久，古代造山作用所形成的褶皱山脉也早已夷平。古生代以来的造山运动不能使刚硬的地台变成褶皱，只能发生断裂。换句话说，也就是只能形成块状山地，而不能形成线状的褶皱山脉。

自然环境及自然资源

素有“热带大陆”之称的非洲大陆以高原为主，沿岸岛屿较少，而且面积也不大。非洲水系较为复杂，有世界上最长的河流。非洲矿产资源、森林资源、水资源也较为丰富，其开发前景较为广阔。

◎自然环境

非洲的沿海与其他大洲不同，岛屿较少，大多数面积也很小，岛屿的总面积只占非洲总面积的2%。大陆北宽南窄，像一个不等边的三角形，海岸平直，少海湾和半岛。全境为一高原型大陆，平均海拔750米。大致以刚果河河口至埃塞俄比亚高原北部边缘为界，大洲东南半部多高原，且海拔都在1000米以上，被称为高非洲；而西北部的一些地区则海拔较低，平均在500米以下，称为低非洲。

非洲高原的沿海地带分布有较高大山，如阿特拉斯山脉，肯尼亚山、乞力马扎罗山、德拉肯斯山脉等。乞力马扎罗山是一座活火山，海拔5895米，为非洲最高峰。非洲东部的大裂谷是世界上最长的裂谷带，南起希雷河口，北至西亚的死海北部，长约6400千米。裂谷中有不少狭长的湖泊，水深岸陡。阿萨勒湖是非洲大陆的最低点，其湖面在海平面以下153米。非洲的大河流水系较复杂，多急流、瀑布，按长度划分依次为尼罗河（全长6671千米，世界最长河）、刚果河（扎伊尔称扎伊尔河）、尼日尔河、赞比西河、乌班吉河、开赛河、奥兰治河等。非洲的湖泊多分布于东非裂谷带内，面积大小不一，较大的湖泊有维多利亚湖、坦噶尼喀湖等。

非洲之所以有“热带大陆”的称号，是因为其大部分位于南北回归线之间，故大部分地区全年高温。境内降水较少，仅刚果盆地和几内亚湾沿岸一带年平均降水量在1500毫米以上，年平均降水量在500毫米以下的地区占非洲总面积的50%。刚果盆地和几内亚湾沿岸一带属热带雨林气候。地中海沿岸一带夏热干燥，冬暖多雨，属亚热带地中海式气候。北非撒哈拉沙漠、南非高原西部雨量极少，属热带沙漠气候。而其他的广大地区多属于热带草原气候，夏季多雨，冬季干旱。但马达加斯加岛东部由于临海的原因，属于热带雨林气候。

◎自然资源

非洲的矿物资源较为丰富，种类多而且储量大。如石油、天然气的蕴藏量都极为丰富。此外，铁、锰、铬、钴、镍、钒、铜、铅、锌、锡、磷酸盐等储量很大；非洲的黄金、金刚石久负盛名；铀矿脉相继被发现，引起了世人瞩目。许多矿物的储量位居世界的前列。非洲的植物至少有40000种以上。森林面积占非洲总面积的

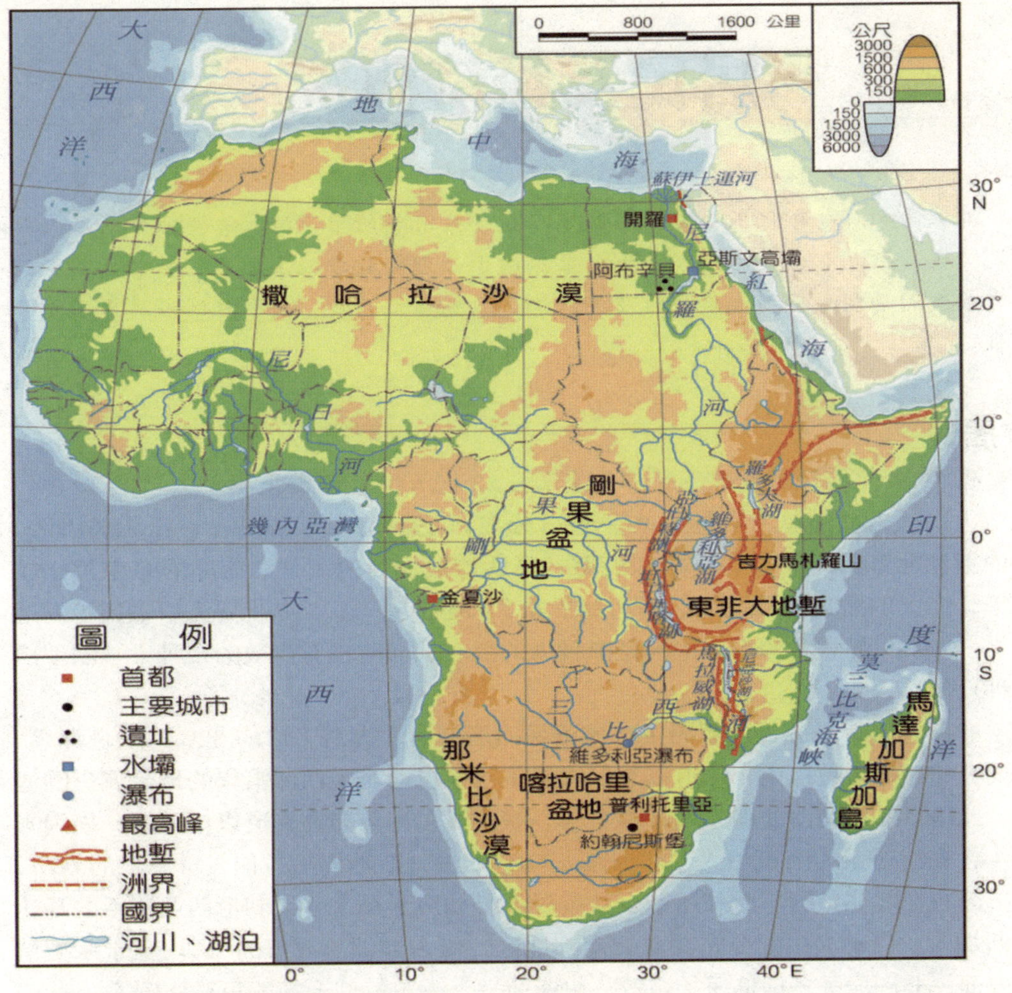

21%，盛产红木、黑檀木、花梨木、柯巴树、乌木、樟树等经济林木。非洲的草原面积占到了非洲总面积的27%，居各洲首位。由于非洲多峡谷、瀑布，所以可以开发的水力资源较为丰富。

目前非洲已探明的重要矿产资源有石油、铜、金、金刚石、铝土矿、磷酸盐、铌和钴等，这些矿产的储量在世界上均占有很大的比重。石油主要分布在北非和大西洋沿岸各国，占世界石油总储量的12%左右；铜主要分布在赞比亚与扎伊尔的沙巴区；黄金主要分布在南非、加纳、津巴布韦和扎伊尔；而金刚石则在扎伊尔、南非、纳来比亚等国家有着大量的分布。

居民及经济概况

非洲的人口分布极不均匀，主要分布在一些河谷的中下游、海岸地带。居民以黑人为主，但也有少数的白人。历史上，由于长期受到帝国主义的掠夺和控制，经济发展受到抑制。再加上单一的经济结构，从整体上来看，整个非洲经济发展水平较低。

◎居民

据1994年统计数据显示，非洲有着7.23亿人口，约占世界总人口的12.8%。城市人口约占非洲总人口的26%。人口分布以尼罗河中下游河谷、西北非沿海、几内亚湾北部沿岸、东非高原和沿海、马达加斯加岛的东部、南非的东南部比较密集，广大的撒哈拉沙漠地区平均每平方千米还不到一人，是世界人口最稀少的地区之一。从世界人种来看，非洲是黑种人的故乡，同时也有少数的白种人（欧罗巴人种）。

非洲的语言以苏丹语系为主，该语系的居民占非洲总人口的32%，肤色黝黑，主要分布在撒哈拉以南，赤道以北。埃塞俄比亚以西至大西洋沿岸的地带属班图语系，此语系的居民占非洲总人口的30%，肤色浅黑，分布在赤道以南地区。属闪米特－含来特语系的阿拉伯人占非洲总人口的21%，占世界阿拉伯人口总数的66%，主要分布在北非各国。此外还有少数黄种人，如属于马来－波利尼西亚语系的马达加斯加人。白种人主要分布在非洲南部地区，仅占非洲总人口的2%。至于宗教信仰方面，非洲居民多信仰原始宗教、伊斯兰教，少数信仰天主教和基督教等。

◎经济概况

由于非洲各国的经济在历史上曾长期遭受殖民主义国家的控制，所以早期经济的发展较为缓慢。许多国家在独立后，采取了一系列有利于本国经济发展的政策和措施，取得了一定的成效。在发展民族经济的道路上，逐渐改变过去殖民统治所造成的单一经济状态。非洲的农业人口约占非洲总人口的2/3，许多经济作物的产量在世界上占重要地位，如咖啡、花生各占世界总产量的25%左右；可可、丁香、棕榈油、棕榈仁的产量占世界总产量的50%～80%。非洲的工业以农畜产品加工为主，而重工业发达的国家则较少，主要有南非、埃及等。

1. 工业

非洲大多数国家经济较为落后，其经济发展水平在七大洲中是最低的。采矿业和轻工业是非洲工业的主要部门。黄金、金刚石、铁、锰、磷灰石、铝土矿、铜、铀、锡、石油等的产量都在世界上占有重要地位。轻工业以农畜产品加工业、纺织

业为主。木材工业有一定的基础，制材厂较多。非洲的重工业并不发达，主要的重工业部门有冶金、机械、金属加工、化工和水泥、金刚石琢磨等。

2. 农业

农业是非洲大多数国家的经济支柱，在各国的经济发展中占有重要的地位。非洲的粮食作物种类繁多，有麦、稻、玉米、小米、高粱、马铃薯等。非洲的经济作物，特别是热带经济作物在世界上占有重要地位，棉花、剑麻、花生、油棕、咖啡、可可、天然橡胶、丁香等的产量都很高。乳香、没药、卡里特果、阿尔法草是非洲特有的作物。非洲的畜牧业发展则较快，牲畜头数多，但由于经营粗放落后，畜牧产品商品率比较低。非洲有着极为丰富的渔业资源，但其生产也只是停留在手工操作阶段，而近些年来淡水渔业发展却比较快。

3. 交通

在世界各大洲中，非洲的交通运输业是发展程度最低的，至今还没有完整的交通运输体系。大多数交通线路是从沿海港口伸向内地，彼此互相孤立。交通运输以公路为主，另有铁路、海运等方式。南非共和国、马格里布等地区是非洲交通运输比较发达的地区。撒哈拉、卡拉哈迪等地区则是没有现代交通运输线路的空白区。从目前来看，非洲的公路约有 130 多万千米，铁路约有 78000 千米，内河通航里程约 52000 千米。

埃及

埃及地跨亚、非两大洲，以苏伊士运河为界，国土的大部分位于非洲，只有面积很小的西奈半岛位于亚洲。埃及北滨地中海，东临红海，地处亚、非、欧三洲交通要冲，海岸线长约2700千米，人口主要为阿拉伯人，信奉伊斯兰教，官方语言为阿拉伯语，首都开罗。埃及人口和农业主要分布在尼罗河沿岸和河口三角洲地区，是人类文明的发源地之一。埃及是古埃及文明的象征，有人称埃及文明是尼罗河文明，这对于尼罗河来说，是最高的评价。

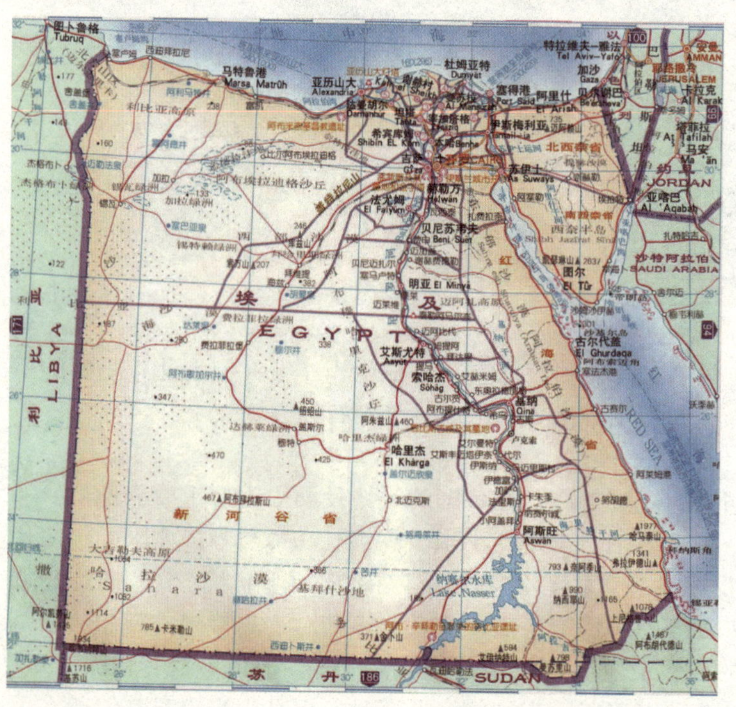

◎自然地理

埃及是非洲面积较大的国家之一，面积为100.145万平方千米。其地跨亚、非两大洲，西连利比亚，南接苏丹，东临红海并与巴勒斯坦、以色列接壤，北临地中海。埃及虽然有着极长的海岸线，但却是典型的沙漠之国，全境95%为沙漠。尼罗河从南到北贯穿埃及，被称为埃及的“生命之河”。尼罗河两岸的狭长河谷和入海处的三角洲，是埃及最富饶的地区。尽管这片地区不大，仅占埃及总面积的4%，但全国99%的人口都在此聚集。

苏伊士运河的运输业较为发达，因为其联系欧、亚、非三洲的交通，同时又沟通了红海和地中海，连接大西洋和印度洋。无论从战略意义上还是从经济意义上讲，苏伊士运河都有着极为重要的地位。

由于埃及分布有大面积的沙漠，所以气候干燥少雨。只有尼罗河三角洲和北部沿海地区属于地中海型气候，气候较为湿润，其他大部分地区属热带沙漠气候，炎热干燥。尤其是沙漠地区气候极为炎热，温度可达 40℃，年平均降水量更是很少，不足 30 毫米。到了每年的 4～5 月份常会有“五旬风”，风夹带着沙石，对农作物的生长产生极大的危害。

◎4 个主要地区

埃及的疆土东西、南北长度几乎相同，略呈不规则的四方形。根据自然条件的差异，一般把埃及分为 4 个地区，即尼罗河流域及尼罗河三角洲地区、西部沙漠地区、东部沙漠地区、西奈半岛地区。开罗以南是宽约尼罗河绿色长廊，一般称为上埃及。开罗以北称为下埃及。亚历山大港和塞得港之间是尼罗河三角洲的冲积平原。尼罗河是古埃及文明的发祥地，同时也是全国最重要的经济活动地区。埃及的绝大多数人口都集中于此，在世界上也是人口最密集的地区之一。

西部沙漠地区位于尼罗河以西，它是撒哈拉沙漠的一部分，约占埃及面积的 2/3。该区的南部海拔较高，一般在 350～500 米，中部和北部多洼地，有地下水的洼地就会形成绿洲。

东部沙漠也叫阿拉伯沙漠，它与西部沙漠以尼罗河为界，位于尼罗河东部。该沙漠地势自东向西倾斜，东边直逼红海沿岸。红海沿岸多山脉，海拔平均在 1500 米左右。

西奈半岛处于苏伊士运河的东部，亚洲的西南部，约有 6.4 万平方千米，占埃及面积的 6.38%。地中海沿岸多沙丘，北部低地是蒂赫沙漠，多间歇性河流和干涸的河床。该岛东部为高原，位于该岛的圣卡特琳山是埃及的最高点，相传也是摩西受“十诫”的地方。

◎国家经济

在埃及的国民经济中，农业有着很重要的地位。埃及的农村人口多，但耕地面积少。埃及的农村人口占到了全国人口的 52%，但耕地面积仅占国土面积的 4.5%。耕地绝大部分为灌溉地，耕作集约，一年可二熟或三熟，埃及是非洲单位面积粮食产量最高的国家。政府极为重视农业发展和扩大耕地面积。主要农作物有棉花、小麦、水稻、高粱、玉米、甘蔗、亚麻、花生、水果、蔬菜等。长绒棉和稻是埃及主要生产的作物，产量在非洲居首位，玉米、小麦的产量也居非洲前列。

由于埃及的石油和磷灰石开采量较大，所以其炼油工业较为发达。除此之外，食品、纺织、化工、钢铁、机械等也是其重要的工业部门。尼罗河和沿海盛产鱼类。主要出口原油、油品、棉花等，其中原油出口额占出口总值的一半左右。而主要的进口产品有农畜产品、机器设备、化工产品等。

埃及的矿产资源极为丰富，据初步探明：石油储量为 60 亿桶，天然气为 3284 亿立方米，磷酸盐约 12 亿吨，铁矿 1.82 亿吨；此外还有丰富的锰、煤、金、锌、铬、银、钼、铜、滑石等。埃及工业以纺织、食品加工等轻工业为主。而一些重工业也取得了较大的发展，如石油、铜、铁、电力、化肥、水泥、机械等重工业，尤

其是石油工业发展最为迅速。

埃及有着悠久的文明史，其文化灿烂、名胜古迹雄伟丰富，为其发展旅游业提供了极为优越的条件。主要旅游景点有金字塔、狮身人面像、爱资哈尔清真寺、古城堡、希腊罗马博物馆、卡特巴城堡、蒙塔扎宫、卢克索神庙、卡纳克神庙、王陵之谷、阿斯旺水坝等。这些旅游景点都是闻名世界的，所以其旅游收入成了埃及外汇的主要来源之一。

埃及的交通运输也很便利，海陆空三方面的运输能力增长都很快。铁路全长7000 千米，开罗第一条地铁全长 42.5 千米，第一期工程于 1987 年 9 月竣工通车。公路全长 4.8 万千米。有 7 个海港，年吞吐量 3050 万吨，主港口有亚历山大港、塞得港、苏伊士港等。有 5 个国际机场，开罗机场是连接亚、非、欧的重要国际航空港。除了税收外，石油、侨汇、运河和旅游都是埃及财政收入的主要来源。

苏丹

苏丹也是非洲的重要国家之一，位于非洲的东北部，是非洲面积最大的国家。苏丹北邻埃及，西接利比亚、乍得、中非共和国，南毗刚果（金）、乌干达、肯尼亚，东近埃塞俄比亚、厄立特里亚。苏丹东北部滨临红海，约有720千米的海岸线。

◎苏丹概述

位于非洲东北部的苏丹是非洲面积最大也是极为重要的一个国家。苏丹的全国气候差异很大，自北向南由热带沙漠气候向热带雨林气候过渡，最热季节气温可达50℃，全国年平均气温21℃，常年干旱，年平均降雨量不足100毫米。由于苏丹处于生态过渡带，极易遭受干旱、洪涝和沙漠化等灾害的侵袭。

尼罗河谷纵贯其中部，其分支青、白尼罗河汇合处形成了土壤最肥沃的一带。巨大的尼罗河上游盆地位于国土南部，地势低平，水网密集，沼泽广布。尼罗河谷以东多丘陵、山地，以西为海拔700～1000米的广阔高原。南部边境的基涅提山为苏丹的最高点，海拔3187米。苏丹全境终年干燥炎热，年降水量自北向南逐渐递增，从北部的20毫米递增至南部的1000毫米以上。

◎经济发展状况

苏丹的经济结构较为单一，以农牧业为主，工业则比较落后。由于经济基础薄弱，所以对自然及外界的依赖性较强。苏丹港是其主要的海港，喀土穆－苏丹港铁路是其对外联系的要道。为加快经济复苏的步伐，巴希尔政府于1993年和1996年分别发布新经济法规，实施了一系列经济改革措施，一方面减少政府对经济的干预，实行市场经济，鼓励外国投资，发展农业，促进出口；另一方面又大力推进私有化进程。1997年，苏丹政府开始重点扶持优先发展的战略项目，通过石油出口来带动经济复苏，这样一来，经济状况趋向好转。随着石油的大量出口，苏丹经济已有所改善，目前苏丹已经保持了较高的经济增长率。

1. 资源

苏丹有着极为丰富的自然资源，如主要的矿产资源有铁、银、铬、石油等。此外，还有丰富的天然气和木材等资源。其主要的矿物资源储量为：铁 3 亿吨，铜 900 万吨，铬 70 万吨，银 9000 吨，石油 5 亿吨。森林面积约 6400 万公顷，占全国面积 23.3%；阿拉伯树胶在整个林业资源中处于首要的地位；水力资源也是极为丰富，有着 200 万公顷的淡水水域。

2. 工业

苏丹的工业基础比较薄弱，2003 年的工业产值仅占国民生产总值的 23.7%。主要工业有纺织、制糖、制革、食品加工、制麻、烟草和水泥等。近年来苏丹政府积极调整工业结构，重点发展石油、纺织、制糖等工业。1999 年，苏丹利用石油出口，使经济获得了较大的发展，成为石油出口国。

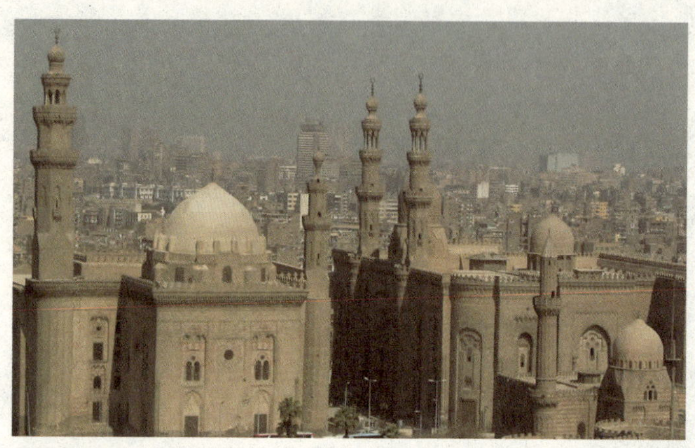

苏丹·哈桑清真寺
无数的王宫贵胄和平民百姓都沉醉在他们虔诚的信仰里。

3. 农牧业

苏丹是个农牧业大国，有着 80%的农业人口，其农牧产品的出口占全国出口总值的 90% ~ 95%。长绒棉产量仅次于埃及，居非洲第二位，阿拉伯树胶产量居世界第一位，还出产玉米、高粱、花生、芝麻、椰枣等。在苏丹，畜牧业也是一个重要产业，苏丹人多养羊、牛和骆驼等牲畜。

4. 旅游业

苏丹的旅游业在其经济发展中也占有重要的地位。1991 年接待外国游客约 2 万人次。由于南部长期战乱，资金严重短缺及遭受安理会制裁，旅游业发展受到严重影响。从其宾馆数量上便可以看出，首都喀土穆的五星级宾馆仅有 1 家，高级宾馆也只有 4 家，共约有 1200 张床位。

5. 交通运输

苏丹的交通运输业并不发达，铁路总长为 5978 千米，公路 11900 千米，其中 4320 千米铺有沥青。在水运方面，远洋商船 10 艘，总吨位 12.2 万吨；内河航线总长 5310 千米，有轮船 300 多艘。苏丹港是其主要的商港，年吞吐量 800 万吨，承担着 90%的进出口运输任务。空运在苏丹的运输业中占据重要地位，国内 90%的运输都要通过空运进行。苏丹拥有 10 多架大型喷气式客机，全国共有民航机场 63 个，其中喀土穆、苏丹港、卡萨拉、朱巴、朱奈纳机场为国际机场。管道运输方面，苏丹港至喀土穆建有长约 815 千米的输油管道，年输油量较大，达 80 万吨。

刚果(布)

刚果（布）的全称为刚果共和国，该国地处非洲中西部。首都为布拉柴维尔。该国与刚果民主共和国〔刚果（金）〕、喀麦隆、中非共和国、加蓬以及安哥拉等国接壤，毗邻几内亚湾。

◎自然地理

刚果（布）地处非洲的西部，面积34.2万平方千米，只有很短的海岸线。国土在西北处与刚果（金）相邻，北同中非共和国和苏丹毗连，东与乌干达、卢旺达、布隆迪和坦桑尼亚接壤，南同赞比亚和安哥拉交界。只有在西南一隅有很短的海岸线，扎伊尔河由此流入大西洋。

刚果（布）的地形以地势较低的平原和高原为主，东北部为海拔300米的平原，是刚果盆地的一部分；南部和西北部是高原，高度在500～1000米；西南部是沿海低地。刚果河（扎伊尔河）及其支流乌班吉河的部分地段是同刚果（金）的界河。境内的刚果河支流有桑加河、利夸拉河等，库依路河单独入海。南部属热带草原气候，中部、北部为热带雨林气候，气温高，湿度大。年降水量1200～1600毫米。刚果河及其众多支流和奎卢－尼阿里河构成复杂的水网，水力资源较为丰富。刚果（布）的森

林面积较为广阔，占国土面积的55%以上，盛产乌木、黑檀木等贵重木材。

◎人口

据1994年统计，刚果（布）人口为278万。刚果（布）有170多个部族，大多数都属班图语系。南方的刚果族，包括拉利族、巴刚果族、维利族，约占总人口的45%；北方的姆博希族占人口总数的16%；中部的太凯族占人口总数的20%；北部的原始森林里有少数俾格米人。南方使用刚果语、莫努库图巴语，北方使用林加拉语，官方语言为法语。全国多数居民信仰原始宗教，天主教信仰者约有50万，信仰基督教新教的约20余万人，信仰伊斯兰教的人数较少，约有4万人。

◎政治和经济

刚果（布）现行的宪法是在1992年3月15日经全民公投通过的。宪法规定：国家主权属于人民；实行立法、司法、行政三权分立和半总统、半议会制政体；共和国总统由直接普选产生，是国家元首和军队最高统帅，监督宪法的执行和行政机构的正常运转；总统任命或解除由议会多数派产生的总理及其内阁成员的职务，主持内阁会议；总统有权解散国民议会，但必须是在征询总理和国民议会议长意见的前提下；总统下设总理，总理为政府首脑，有领导政府并保证法律的执行的权力。

刚果（布）的工业并不发达，以农业、林业为主。主要生产的粮食作物有木薯、稻、玉米等，经济作物有甘蔗、花生、烟草、油棕、咖啡、可可等。刚果的资源较为丰富，主要开采的矿产有钾盐、金刚石、石油、金、铅、锌、铜矿，还有铁、铝土、煤等。森林采伐和木材加工业重要是重要产业，还有炼油、化工、制糖、水泥、纺织、罐头等工业。主要出口的产品有石油、钾盐、木材、蔗糖、咖啡、可可等；由于工业不发达，需要进口机械设备、车辆及一些日用品等。

东非大裂谷

从卫星照片上看，东非大裂谷犹如非洲大陆的一道巨大伤疤。它是大陆上最大的断裂带。当乘飞机越过浩瀚的印度洋，进入东非大陆的赤道上空时，从机窗向下俯视，地面上有一条硕大无比的“刀痕”呈现在眼前，顿时让人产生一种惊异而神奇的感觉，这就是著名的“东非大裂谷”，亦称“东非大峡谷”或“东非大地沟”。东非大裂谷长度约为地球周长的1/6，气势宏伟，景色壮观。从古至今，这条裂谷带不知迷住了多少人，人们将它形象地称为“地球表面上的一条大伤痕”。

◎形成原因

这条巨大的裂谷如此迷人，那么它又是如何形成的呢？据考察研究发现，大约在3000万年以前，由于强烈的地壳断裂运动，使得同阿拉伯古陆块相分离的大陆漂移运动而形成东非大裂谷。那时候，这一地区的地壳处在大运动时期，整个区域出现抬升现象，地壳下面的地幔物质上升分流，产生巨大的张力，使地壳发生断裂，从而形成裂谷。由于抬升运动不断的进行，地壳的断裂不断产生，地下熔岩不断的涌出，渐渐形成了高大的熔岩高原。原本高原上的火山则变成了众多的山峰，而大裂谷的谷底则是断裂下陷的地带形成的。

◎自然环境及资源

东非大裂谷的轮廓在肯尼亚境内显得十分清晰，它纵贯南北，将这个国家分为东西两半，而裂谷带恰好又与横穿境内的赤道相交叉。因此，肯尼亚有一个十分有趣的称号：“东非十字架”。裂谷两侧，断壁悬崖，山峦起伏，犹如高耸的两垛墙，肯尼亚首都内罗毕就坐落在裂谷南端的东“墙”上方。登上悬崖，放眼望去，只见裂谷底部松柏叠翠、深不可测，那一座座死火山就像抛掷在沟壑中的弹丸，串串湖

东非大裂谷

泊宛如闪闪发光的宝石。肯尼亚山海拔 5199 米，是非洲第二高峰，就位于裂谷带的东侧。

裂谷带东侧是东非大平原，也是非洲地势最高的地方。该地带降雨量充沛，气候温和凉爽，山清水秀，物产丰富，盛产茶叶、咖啡、水果、除虫菊、俞麻等。在这里，咖啡豆一年两熟，除虫菊每隔 10 来天就可以采摘一次，至于俞麻，成熟后几乎天天都可以收割。

东非大裂谷内还聚集着非洲大部分的湖泊，俨然就是一座巨型天然蓄水池。谷内大大小小约有 30 来个湖泊，例如阿贝湖、沙拉湖、尔卡纳湖、马加迪湖、马拉维湖、坦噶尼喀湖等。这些湖泊顺裂谷带呈长条状展开，如成串的珍珠，形成东非高原上的一道美景。

这些裂谷带的湖泊星罗棋布，水色湛蓝浩荡，千变万化，自然成为了旅游观光的胜地。而且裂谷带内湖滨土地肥沃，植被茂盛，野生动物众多，大象、河马、非洲狮、犀牛、羚羊、狐狼、红鹤、秃鹫等都在这里栖息。坦桑尼亚、肯尼亚等国政府，已将这些地方辟为野生动物园或者野生动物自然保护区。如纳库鲁就湖是一个鸟类繁育的湖泊，共有鸟类 400 多种，是肯尼亚的国家重点保护公园。在这里有被称为世界上最漂亮的鸟的弗拉明哥，还有大量火烈鸟在此聚集，最多时可达 15 万多只。

也许提起东非大裂谷，很多人都会认为，那是一条狭长、黑暗的深涧，其间荒草漫漫，怪石嶙峋，杳无人烟。其实，东非大裂谷中完全是另外一番景象：远处，茂密的原始森林覆盖着绵延的群峰，山坡上长满了盛开着的紫红色、淡黄色花朵的仙人掌、仙人球，近处，草原广袤，翠绿的灌木丛散落其间，野草青青，花香阵阵，草原深处的几处湖泊波光闪耀，山水之间，白云飘荡。谷底平整坦荡，牧草丰美，林木丛生，完全是一派生机盎然的景象。

世界上最大的沙漠——撒哈拉沙漠

整个非洲北部可以说是个沙漠的世界，这里有世界上最大的沙漠——撒哈拉沙漠。撒哈拉沙漠东西约长 4800 千米，南北在 1300~1900 千米之间，总面积约 8600000 平方千米。它西面为大西洋，北面为阿特拉斯山脉和地中海，东临红海，南为一个沙漠和草原的过渡区。

◎形成原因

撒哈拉沙漠的形成主要有 5 个原因：（1）由于地处北回归线两侧，常年受副热带高气压控制，盛行干热的下沉气流，且非洲大陆北部较宽，受副热带高压控制的范围大，所以干热面积广；（2）北非与亚洲大陆紧邻，东北信风从东部陆地吹来，不易形成降水，使北非更加干燥；（3）北非海岸线太过平直，东侧有埃塞俄比亚高原，阻挡了湿润气流进入内陆地区；（4）北非西岸有加那利寒流经过，对西部沿海地区起到降温减湿作用，使沙漠逼近西海岸；（5）北非地形比较单一，地势平坦，起伏较小，加上气候单一，形成了大面积的沙漠地区。

◎自然特征

（1）自然地理。撒哈拉沙漠有浅而季节性泛滥的盆地和大绿洲洼地、多石的山地、陡峭的山脉，而最多的则是遍布的沙滩、沙丘和沙海。撒哈拉沙漠约在 500 万年之前就以气候型沙漠形式出现。从此，撒哈拉沙漠就一直经历着干、湿情况的变化。

（2）水系。撒哈拉沙漠有几条河流，它们源自沙漠外，为沙漠提供了地面水和地下水，并吸收其水系网放出来的水。尼罗河的主要支流在撒哈拉沙漠汇集，河流沿着沙漠东边缘向北流入地中海；有几条河流入撒哈拉沙漠南面的查德湖，还有相当数量的水继续流往东北方向，重新灌满该地区的蓄水层；尼日尔河水流经撒哈拉沙漠的西南部，然后向南流入大海。从阿特拉斯山脉和利比亚、突尼斯、阿尔及利亚以及摩洛哥的沿海高地流入的溪流为干枯的河床提供了额外的水量。

（3）土壤。该地区的土壤有机物含量极低，尽管有些地区有固氮菌的分布，但整体上来说，整个沙漠几乎没有生物活动。而其中一些洼地的土壤中含有盐分，在沙漠边缘的土壤中含有较为集中的有机物质。

（4）气候。由于撒哈拉沙漠位于赤道附近，气候由信风带的南北转换所控制，气候炎热，常出现极端天气。它有世界上最高的蒸发率，并且有一连好几年没有降雨的最大面积纪录。气温差也较大，在一些海拔高的地方可达到霜冻和冰冻的条件，而在海拔低的地方则有着世界上最炎热的天气。

撒哈拉沙漠的气候虽然普遍炎热干燥，但也可分为两种，北部为干旱副热带气候，南部则为干旱热带气候。干旱副热带气候的特征是每年和每日的气温变化幅度大，年平均日气温约 20℃（68℉），平均冬季气温为 13℃（55℉）。夏季极热，在利比亚的阿济济耶曾创造过 58℃（136℉）的世界最高气温记录。年降水量为 76 毫米，虽然降雨变化极大，多数降水发生在 12 月到第二年 3 月期间。另一降水高潮是 8 月，以雷暴雨的形式为特征。这种暴雨可导致巨大的洪水冲入无降雨的区域。而一般情况下，温和干旱的冬季和炎热干旱的夏季过后都会有一场反复多变的雨水。

（5）植物。整体上来说，沙漠中植被稀少，只有在一些绿洲洼地和干枯河床四周有一些成片的青草、灌木和树木的分布。在一些含盐洼地发现了盐土植物（耐盐植物）。在其中的高原上或一些缺水的平原上分布有一些草本植物、小灌木和树，而这些植物都比较耐热耐旱。

（6）动物。在沙漠北部孤立的绿洲中发现的残遗的热带动物群有热带鱼类；有迹象表明，一些小动物，如眼镜蛇和小鳄鱼可能仍生存在遥远的提贝斯提山脉的河流盆地中。

在撒哈拉沙漠中有一些哺乳动物类，如沙鼠、跳鼠和荒漠刺猬；柏柏里绵羊和镰刀形角大羚羊、多加斯羚羊、达马鹿、努比亚野驴、安努比斯狒狒、斑鬣狗、胡狼、沙狐、利比亚白颈鼬和獴。撒哈拉沙漠鸟类超过 300 种，包括不迁徙鸟和候鸟。沿海地带和内地水道吸引了许多种类的水禽和海鸟。内地有一些鸟类在此栖息，如鸵鸟、鹭鹰、珠鸡、沙漠雕鸮、仓鸮、沙云雀及渡鸦等。

在沙漠的湖池中也存在着一些蛙、蟾蜍和鳄等动物，至于蜥蜴、眼镜蛇及石龙子类动物则常出没在岩石和沙坑之中。撒哈拉沙漠的湖、池中有藻类、咸水虾和其他甲壳动物生活。生活在沙漠中的蜗牛是鸟类和动物的重要食物来源。沙漠蜗牛在炎热的夏季可以休眠，以此存活下来，若不被降雨的唤醒，它们可以在几年内都不活动。

世界最长的河流——尼罗河

尼罗河流经非洲东部与北部，与刚果河以及尼日尔河被列为非洲最大的三个河流系统。尼罗河长6650千米，是世界上最长的河流。2007年虽有来自巴西的学者宣称亚马孙河长度更胜一筹，但尚未获得全球地理学界的普遍认同。尼罗河有两条主要的支流，白尼罗河和青尼罗河。青尼罗河发源于埃塞俄比亚高原，它是尼罗河下游水的重要来源，但在两条支流中，白尼罗河较长。

尼罗河

◎概况

尼罗河流经非洲东北部，被誉为非洲主河流之父，而它更是一条国际性的河流。尼罗河发源于赤道南部的东非高原上的布隆迪高地，干流流经布隆迪、卢旺达、坦桑尼亚、乌干达、苏丹和埃及等国，最后注入地中海。干流自卡盖拉河源头至入海口，全长6670千米，是世界流程最长的河流。支流还流经肯尼亚、埃塞俄比亚和刚果、厄立特里亚等国的部分地区。约有335万平方千米的流域面积，占非洲大陆面积的1/9，在其入海口处，年平均径流量达810亿立方米。由于尼罗河较长，所以所跨纬度较多，从南纬4° 一直到北纬31° 。

尼罗河是由三条河流汇合而成的，这3条河流分别为白尼罗河、青尼罗河、卡盖拉河。尼罗河最下游分成许多汊河，注入地中海，这些汊河都流在三角洲平原上。三角洲平原面积广阔，达24000平方千米，其地势平坦，河流交织纵横，是古埃及文明的发祥地，也是现代埃及的政治、经济和文化中心。

如今，埃及的绝大多数人口和工农业生产仍集中在尼罗河下游三角洲。因此，尼罗河被视为埃及的生命线。几千年来，每年的6～10月份，尼罗河定期泛滥。8月份河水上涨到最高时，淹没了河岸两旁的大片田野，之后人们纷纷迁往高处暂住。10月以后，洪水消退，带来了尼罗河肥沃的土壤。在这些肥沃土壤上，人们栽培了棉花、小麦、水稻、椰枣等农作物。在干旱的沙漠地区形成了一条“绿色走廊”。在埃及流传着这样一句话，“埃及就是尼罗河，尼罗河就是埃及的母亲”。尼罗河确实是埃及人民的生命源泉，它为沿岸人民积聚了大量的财富，缔造了古埃及文明。

◎流域

尼罗河流域广阔，河流众多，共有 7 个大区，分别是东非高原湖区、山岳河流区、白尼罗河区、青尼罗河区、阿特巴拉河区、喀土穆以北尼罗河区和尼罗河三角洲。卡盖拉河北流经过坦桑尼亚、卢旺达和乌干达，从西边注入维多利亚湖。维多利亚尼罗河就源起该湖，称维多利亚尼罗河。河流穿过基奥加湖和艾伯特湖，流出后称艾伯特尼罗河，该河与索巴特河汇合后，称白尼罗河。另一条青尼罗河与白尼罗河在苏丹的喀土穆汇合，然后在达迈尔以北接纳最后一条主要支流阿特巴拉河，称尼罗河。尼罗河由此向西北绕了一个 S 形，经过三个瀑布后注入纳塞尔水库。之后河水又出纳塞尔水库，经开罗进入尼罗河三角洲，后又分成了许多支流，最后注入地中海东端。

◎水系组成

约在始新世（距今 6500 万年前），尼罗河就已经存在，可以说它是一条相当古老的河流。尼罗河河道曾发生多次变迁，但它总是向北流。在更新世，朱巴和喀土穆之间曾是一个大湖，湖水由当时已经存在的青、白尼罗河补给。之后，湖水水面高出盆地边缘，又通过喀土穆以北的峡谷，沿着古尼罗河流入地中海，于是便出现了今天的尼罗河水系。

◎气候

尼罗河流域跨 35 个纬度，南北较长，故南北气候也迥然不同，纬度地带性明显。同时非地带性因素（主要是地形因素）也在一定程度上影响气候带的分布。位于尼罗河流域东南部的埃塞俄比亚高原，由于地形隆起，气候出现垂直带谱，并具有明显的干湿季。夏季，北非和阿拉伯半岛上空属低压带，东南信风越过赤道转为西南风，与来自几内亚湾的湿热气流合并为强大的西南气流，沿高原迎风坡抬升，形成 7～9 月的“大雨期”。而到了冬季，盛行来自西南亚大陆的干燥的东北风，形成 10 月至翌年 2 月的干季。到了 3～4 月时，由于处于低压中心，从印度洋面吸引了一股湿润气流，形成“大雨期”前的“小雨期”。

尼罗河流域的梯斯塞特瀑布

世界第四大岛——马达加斯加岛

马达加斯加岛，位于非洲大陆的东南沿海地带，是非洲的最大岛屿，同时也是世界第四大岛，面积仅次于格陵兰岛、新几内亚岛和加里曼丹岛。马达加斯加岛位于印度洋西南部，隔莫桑比克海峡与非洲大陆相望，最近距离为386千米。面积为62.7万平方千米。马达加斯加岛是一个海岸线为3991千米的狭长的岛屿，它向西倾斜而多山，南北狭窄、中部较宽，全境最宽处达576千米。

◎地势

从地质上来看，该岛原本是属于非洲大陆的一部分，因此其地质构造与非洲大陆十分相似。全岛基底由古老的结晶岩构成，2/3的基底露出地表，形成纵贯全岛的高原。高原上丘陵、火山、盆地错综分布。高原的东部边缘是一个大断层，致使东坡陡峻，沿海平原狭窄（宽16～80千米）；西部为较缓的坡地，呈阶梯状缓慢下降。马达加斯加岛中央部分平均海拔为800～1500米，通常被称为中央高原。察拉塔纳纳山主峰马鲁穆库特鲁峰位于中央高原的北部，海拔2876米，为全国最高点。阿劳特拉湖位于高原中央，是马达加斯加的最大湖泊。东部为带状低地，多沙丘和泻湖。西部则为平缓倾斜的平原，最高的500米高原逐渐下降为沿海平原。高原有4条主要的河流，分别是贝齐布卡、齐里比希纳、曼古基和曼古鲁。

◎气候

该岛几乎都处于热带地区，南回归线从岛屿的南部穿过，气候受东南信风和其地形的制约。东部沿海和高原东坡终年受东南信风影响，高温多雨，年降雨量一般都超过2500毫米，而且季节分配均匀，形成热带雨林景观；东南沿海属热带雨林气候，终年湿热，季节变化不明显，年平均气温24℃，年降水量2000～3000毫米。生长着茂密的热带植物和森林。中部为热带高原气候，温和凉爽，土地肥沃。其西部为热带草原气候，因岛的西部处于雨阴面，降水较少，而在岛的北部却达 1000 多毫米。降雨量向南逐渐递减到 400 毫米左右，有干湿季之分，干季由北向南增长，自然植被主要是热带稀树草原或疏林，西南部可见到面积不大的半荒漠；高原的中部地势较高，平均海拔在 1200 ~ 1400 米，月平均气温不超过 20℃，年降水量 1000 ~ 1800 毫米，主要的植被为短草，森林面积较小。

◎资源

马达加斯加岛上自然资源相当丰富，石墨的储量居非洲首位，云母、铀、宝石、金、银、铜、镍、铬、煤等含量也十分丰富。岛上河流湍急，水力发电潜力很大。森林面积为 1470 万公顷。粮食作物有大米、木薯、玉米等，大米产量接近自给。主要经济作物有香草、咖啡、丁香、剑麻、甘蔗、花生、棉花等，而其香草的产量和出口量均占世界首位。岛上草原面积广阔，这为发展畜牧业提供了有利的自然条件。而在其畜牧业中，养牛业是最主要的部门，该岛上牛的总数量超过了全岛的人口数，因此马达加斯加岛又有“牛岛”之称。

在 2000 多年前，人们首次发现了该岛，并定居于此。这些早期的居民多来自亚洲和非洲，自此也对这里造成了深刻的影响。马达加斯加的独特的历史似乎可以解释它不同寻常的丰富物种——大约有 20 多万种动植物，包括隐肛狸、小型食肉动物和大约 35 种狐猴，这些都是地球上其他地方所没有的。隐肛狸是马达加斯加岛上最大的野兽。这里青翠茂盛的雨林与烈日灼人的平原并存，就连树冠都像是伸向天空的树根。这里有着许多奇异的、多刺的植物和众多的石笋。总之，岛内的物种十分奇异、繁多，是一个充满了无数神奇生命的自然殿堂。

第03章 欧洲

欧洲位于东半球的西北部，南边与非洲隔地中海相望，西临大西洋，北濒北冰洋。其面积为 1016 万平方千米（包括岛屿），占亚欧大陆总面积的 1/5，约占世界陆地总面积的 6.8%，是世界第六大洲。该区冰川地形分布较广，地势平坦，平均海拔较低。欧洲共有 45 个国家，人口 7.9 亿。从地理角度上来说，通常又被分为南欧、西欧、中欧、北欧和东欧 5 个区域。

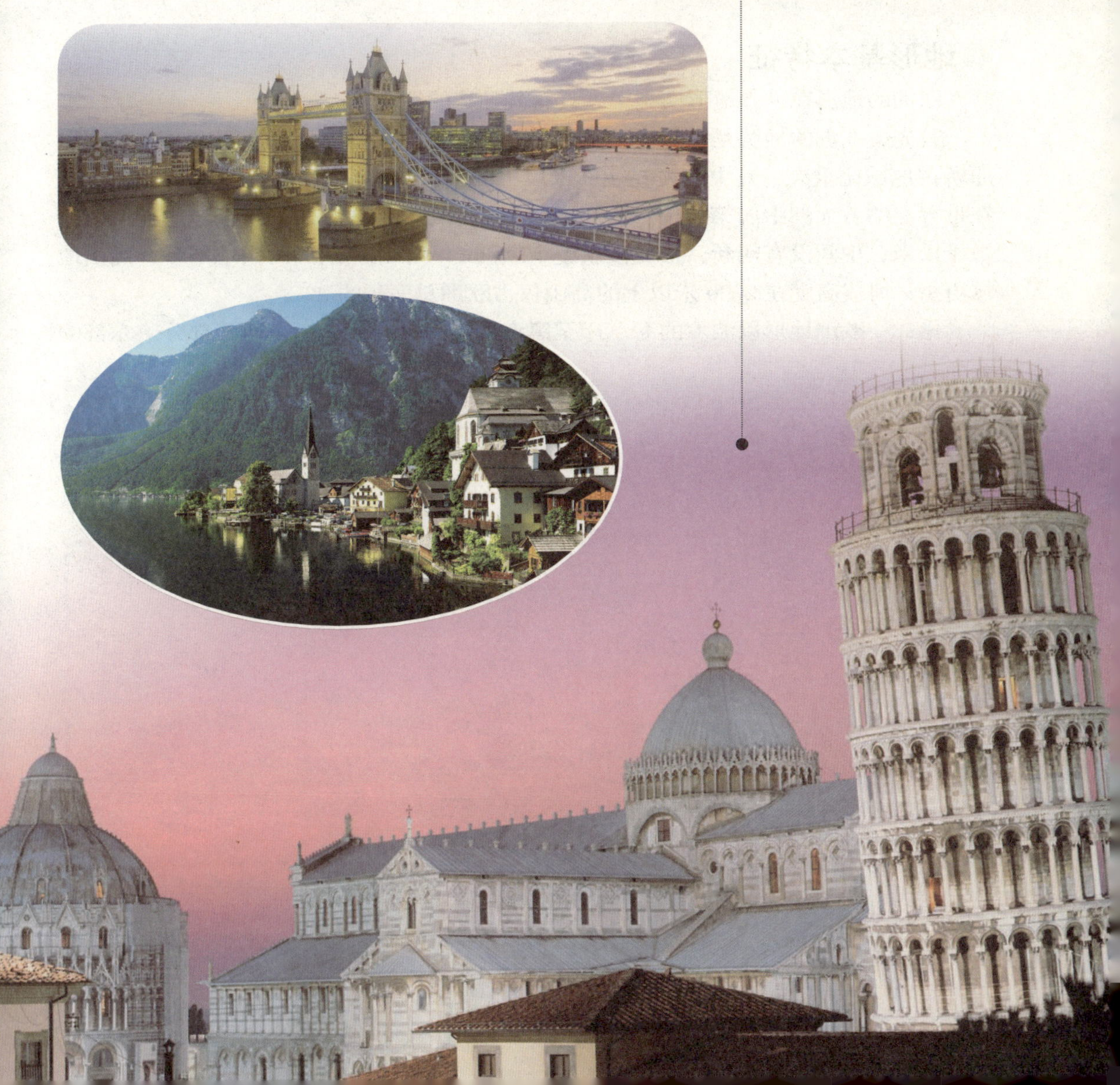

地理概述

欧洲的平均海拔高度为 330 米，地形主要以平原为主。在欧洲的南部耸立着总称为阿尔卑斯山系的一系列山脉，其中最高的勃朗峰海拔 4807 米，位于法国境内，成为西欧最高的山峰。欧洲地区是一个雨水十分丰沛的地区，这里河网稠密，其中伏尔加河是全欧洲最长的河流，全长 3690 千米。欧洲大陆共有 45 个国家和地区，人们按照地理区域位置的不同，将其分为南欧、西欧、中欧、北欧和东欧 5 个地区。

◎地形基本特征

欧洲的地形在世界地形类型中，具有其独特的性质。

首先，欧洲的地势是世界上地势最低的一个洲，平均海拔高度只有 340 米，平原所占地域比重大，其中高度在 200 米以下的平原约占全欧洲地域总面积的 60%，在世界上的各大洲中居第一位。欧洲平原西起大西洋沿岸，东到乌拉尔山麓，全长数千千米，中间没有间断，形成横贯整个欧洲的大平原。欧洲的山地不多，高山地域更少，海拔高度在 2000 米以上的高山仅占欧洲总面积的 2%。

第二，欧洲地形以波罗的海东岸至黑海西岸一线为界分为东西两部分。东部的

地势以平原地势为主，地形种类比较单一；西部地区以山地和平原互相交错的地形为主，地理形势比较复杂。

第三，欧洲有两大冰川。其一就是以斯堪的纳维亚半岛为中心的大陆冰川；另一个就是以阿尔卑斯山脉为中心的山地冰川中心。以斯堪的纳维亚半岛为中心的大陆冰川对整个欧洲的影响非常大，正是因为这个原因，整个欧洲北部都布满了冰川。

◎南欧

南欧地区就是指以阿尔卑斯山脉为界，其以南的巴尔干半岛、亚平宁半岛、伊比利亚半岛和附近岛屿组成的区域被称为南欧。南欧大陆南面和东面临近地中海和黑海，西部紧靠大西洋。整个南欧区域的面积大约有 166 万多平方千米，其中包括了斯洛文尼亚、克罗地亚、塞尔维亚、黑山、波斯尼亚和黑塞哥维那、马其顿、罗马尼亚、保加利亚、阿尔巴尼亚、希腊、土耳其的一部分、意大利、梵蒂冈、圣马力诺、马耳他、西班牙、安道尔和葡萄牙等众多的国家。

南欧地区中的三大半岛的地形中，山地面积比较大，平原面积很小。南欧地处大西洋、地中海、印度洋沿岸的火山地带，所以这里经常有火山爆发，地震活动频繁。南欧的大部分地区属亚热带地中海式气候；这里的河流短小，大多都是流入地中海。

南欧主要出产石油、天然沥青、煤、铬、汞、铅、锌、铜等矿产资源，同时还是油橄榄、葡萄、茴香、欧洲栓皮栎等经济植物的原产地。南欧主要以种植麦、玉米、烟草等为主，这里盛产柑橘、葡萄、油橄榄、柠檬等水果。南欧的牧羊业也很发达，其中西班牙是世界著名的细毛绵羊——美利奴羊的原产地。

◎西欧

西欧是指欧洲西部临近大西洋的地区和附近岛屿组成的区域，总面积约 93 万多平方千米，在这片区域中包括了英国、爱尔兰、荷兰、比利时、卢森堡、法国和摩纳哥等国家。

西欧地形主要以平原和高原为主，在这些个地区，山地所占的面积相对较小。西欧地区大部分属于海洋性温带阔叶林气候，这里雨量丰沛，气象稳定，比较容易出现多雾天气；西欧地区的河流大多流入大西洋海域。

西欧主要出产煤、铁、石油、天然气、钾盐等矿产；以种植小麦、大麦、燕麦、马铃薯、甜菜为主，同时还盛产葡萄和苹果等水果。西欧的渔业和养殖业也比较发达，如比利时和法国所产的阿尔登马，英国所产的巴克夏猪、约克夏猪、大白猪、爱尔夏牛、纯血种马，荷兰所产的荷兰牛等优良畜种，在世界上都享有很高的声誉。

◎中欧

中欧是指波罗的海以南和阿尔卑斯山脉以北的欧洲中部地区，总面积大约有 101 万多平方千米，包括了波兰、捷克、斯洛伐克、匈牙利、德国、奥地利、瑞士、列支敦士登等国家。

中欧地区是阿尔卑斯山脉及其支脉喀尔巴阡山脉聚集的主要地区，南部以山地和盆地为主，北部是以平原为主的地形。因为受到第四纪冰川的影响，这个地区多冰川地形和湖泊。中欧地处海洋性温带阔叶林气候向大陆性温带阔叶林气候过渡的地带，欧洲第二大河多瑙河流经此地，并向东流经南部山区注入黑海，但是其他的河流大都向北流入波罗的海和北海。

中欧主要出产褐煤、硬煤、钾盐、铅、锌、铜、铀、菱镁矿、铝土矿和硫磺等矿产，种植以小麦、大麦、黑麦、马铃薯和甜菜为主的农作物，还盛产温带水果。同时养殖业也较发达，如瑞士的西门达尔牛、萨能山羊、吐根堡山羊等优良畜种，在世界上都享有盛名。

◎北欧

北欧指以日德兰半岛、斯堪的纳维亚半岛一带为主的地区，总面积有132万多平方千米，包括了冰岛、法罗群岛、丹麦、挪威、瑞典和芬兰等国家。

北欧境内的地形以高原、丘陵、湖泊为主，但是受到第四纪冰川期的影响，故多为冰川地形和峡湾海岸。其中斯堪的纳维亚半岛面积约80万平方千米，挪威海岸陡峭曲折，地形多为岛屿和峡湾；斯堪的纳维亚山脉纵贯半岛，长约1500千米，宽约400~600千米，西坡陡峭险峻，东坡地势较为平缓，大部分地区为古老的台状山地，还有个别地区被冰川覆盖。海拔2470米的格利特峰位于挪威境内，是斯堪的纳维亚半岛的最高点。冰岛上多火山和温泉，是世界著名的旅游胜地。

北欧绝大部分地区都属温带针叶林气候，仅大西洋沿岸地区因受北大西洋暖流的影响，属于温带阔叶林气候，气候较为温和。北欧的河流大都较为湍急，水力资源十分丰富。北欧的森林广布，主要种植以小麦、黑麦、燕麦、马铃薯、甜菜为主的农作物；出产铁、铅、锌、铜等矿产。同时北欧的养殖业也较发达，鱼类产量丰富，其西面沿海是世界上有名的三大渔场之一，每年的捕鱼量约占世界总捕鱼总量的9%左右。

◎东欧

东欧是指欧洲的东部地区，包括了爱沙尼亚、拉脱维亚、立陶宛、白俄罗斯、乌克兰、摩尔多瓦和俄罗斯欧洲部分的区域，平均海拔170米的东欧平原占据了大部分的区域，平原上多丘陵和冰川地形；东部边缘有乌拉尔山脉；北部地区湖泊众多；东南部地区的草原和沙漠面积广阔。

东欧地区的气候复杂，北部沿海地区属于寒带苔原气候，往南过渡到温带草原气候，东南部属温带沙漠气候。欧洲第一大河伏尔加河在这里向东南流入里海。

东欧主要出产石油、煤、铁、锰、磷酸盐等矿产资源，还盛产小麦、马铃薯、甜菜、向日葵等农作物。东欧的养殖业较为发达，其中苏维埃重挽马、奥尔洛夫快步马、顿河马均是闻名世界的优良品种。

自然环境及自然资源

欧洲大陆是一个大半岛，是亚欧大陆到大西洋的延伸，总面积占亚欧大陆的1/5，海岸线长37900千米，是世界上海岸线最曲折复杂、切割最为厉害的一个洲。欧洲大陆大多是半岛、岛屿、港湾和深入大陆的内海，冰川地形分布较广，南部多为高山地形，欧洲的平均海拔只有300米，是全世界海拔最低的一个洲。平均海拔在3000米左右的阿尔卑斯山脉横亘在欧洲南部，是欧洲最高、最大的山脉，终年白雪皑皑，主峰勃朗峰海拔4807米。位于欧洲东南部的高加索山脉，其海拔5642米的厄尔布鲁士主峰，是欧洲的最高峰。

欧洲的河流分布均匀，河网密布，水量充足，多为水量充沛而短小的河流，大多发源于欧洲中部，分别流入大西洋、北冰洋、里海、黑海和地中海，其中伏尔加河全长3690千米，是全欧洲最长的河流。欧洲大陆还是一个拥有众多小湖群的大陆，湖泊多因冰川作用而形成，如芬兰境内有 6 万个以上的大小湖泊，被誉为“千湖之国”。

◎气候条件

欧洲大部分地区处于北回归线中的北温带地区，这里气候温和湿润，其西部的大西洋沿岸夏季凉爽宜人，冬季温和多雨，是典型的海洋性温带阔叶林气候。欧洲东部属于大陆性温带阔叶林气候；东欧平原北部属温带针叶林气候；北冰洋沿岸地区冬季气候严寒，夏季虽凉爽宜人，但是时间短促，属于寒带苔原气候；南部的地中海沿岸地区冬季温暖多雨，夏季炎热干燥，属于亚热带地中海式气候。

◎自然资源

欧洲的煤、石油、铁等矿产资源生产比较丰富，在乌克兰的顿巴斯、波兰的西里西亚、德国的鲁尔和萨尔、法国的洛林和北部、英国的英格兰中部等地的煤炭资源丰富，是世界上著名的煤炭基地；喀尔巴阡山脉山麓地区、北海及其沿岸地区是以出产石油为主。同时欧洲的天然气、钾盐、铜、铬、褐煤、铅、锌、汞和硫磺等矿产资源也比较丰富，如阿尔巴尼亚就以出产天然沥青而闻名世界。欧洲的森林面积约占整个欧洲总面积的39%（包括俄罗斯全部），占世界森林总面积的23%。在欧洲的西部沿海鱼类资源丰富，有挪威海、北海、巴伦支海、波罗的海、比斯开湾等闻名世界的渔场。

居民及经济概况

欧洲的人口密度是世界所有大洲中最大的一个，其中城市人口约占欧洲总人口的64%，仅次于大洋洲和北美洲，居世界第三位，其中欧洲西部的人口最密，在莱茵河中游谷地、巴黎盆地、比利时东部和泰晤士河下游地区，人口密度达每平方千米200人以上。欧洲的常住居民大部分是欧罗巴人种，也就是常说的白种人，依照语系不同可以分为印欧语系、乌拉尔语系两种，其中印欧语系的人数占整个欧洲总人口的95%，包括斯拉夫、日耳曼、拉丁、阿尔巴尼亚、希腊、凯尔特族等民族；使用乌拉尔语系的民族有芬兰、乌戈尔等。这里的居民信仰的宗教有天主教、新教和东正教，位于意大利首都罗马市西北角的城中之国梵蒂冈是世界天主教的中心。

◎经济概况

欧洲是资本主义经济发展最早的地区，在其经济体系中发展技术排在世界顶端的就是工业生产水平和农业机械化程度。欧洲的生产总值在世界各洲生产总值的排行中居首位，其中工业生产总值占了很大的比重，但是欧洲大多数的国家粮食生产自给不足，需要进口。德国、法国、英国、比利时、荷兰和瑞士等国家都是欧洲地区工业发展技术比较高的国家，其中德国、法国和英国的工业生产均居世界工业生产前列。

农业为欧洲的次要生产部门，但是其采用农牧生产技术结合和集约化水平高的农业生产手段，形成独特的农业生产特点，欧洲的农业主要是种植麦类、玉米、马铃薯、蔬菜、瓜果、甜菜、向日葵、亚麻等农作物，其中小麦产量约占世界小麦总产量的50%，大麦、燕麦约占世界总产量的60%以上。同时欧洲的园艺业发达，是生产葡萄和苹果的重要基地。畜牧业则是以饲养猪、牛、绵羊为主。

欧洲经济十分的发达，经济发展水平位居世界第一，其中工业、交通、商贸、金融保险在世界上占有举足轻重的地位，若干领域的科学技术也居于世界较领先地位；煤、铁的工业开采量占世界总开采量的30%。

欧洲绝大多数国家属于发达国家，其中北欧、西欧和中欧的一些国家经济发展水平最高，南欧一些国家经济水平相对较低。在欧洲统计局近日公布的欧洲最穷国家和最富国家的名单中，卢森堡、爱尔兰、丹麦、奥地利、环波罗的海区域的国家、英国、比利时、瑞典、法国、芬兰、德国和意大利等国家位列欧洲富裕国家行列中，其中卢森堡和爱尔兰的国民被证实是欧洲最富有的人。而保加利亚、罗马尼亚和土耳其则被称为是欧洲最穷的国家，据调查土耳其的国内生产总值仅达欧洲平均水平的1/4；保加利亚和罗马尼亚的也只达到欧洲生产总值的1/3。

在欧洲，翻译是一份十分受欢迎的工作。在这里，人们常说："没有翻译，就没有谈判；没有谈判，就没有决议；没有决议，就没有欧洲。"

英国

英国的全称是大不列颠及北爱尔兰联合王国，它是由英格兰、苏格兰、威尔士和北爱尔兰组成的联合王国的简称。英国位于欧洲大陆西北面的大不列颠群岛，被北海、英吉利海峡、凯尔特海、爱尔兰海和大西洋等海域包围。国土面积有24.36万平方千米，人口总数约6000万。英国是一个具有多元文化和开放思想的国家，是世界上第一个实现工业化的国家，其首都伦敦是欧洲最大、最具国际特色的城市。

◎国家象征

英国国旗诞生于1801年，是由原英格兰的白底红色正十旗、苏格兰的蓝底白色交叉十字旗和爱尔兰的白底红色交叉十字旗重叠而形成的。国旗呈横长方形，长与宽的比例为2:1，由深蓝底色和红、白色相交汇形成“米”字图案。英国国旗白边上的红色正十字代表英格兰守护神圣乔治，白色交叉十字代表苏格兰守护神圣安德鲁，红色交叉十字代表爱尔兰守护神圣帕特里克。

英国国徽就是英国王室的英王徽。国徽中心的图案是一枚盾徽，盾面上有三只金狮，其中盾徽上端为镶有珠宝的金银色头盔、帝国王冠和头戴王冠的狮子，象征英格兰；右上角为金底上半站立的金狮，象征苏格兰；左下角为蓝底上金黄色竖琴，象征北爱尔兰。盾徽两侧各由一只头戴王冠、代表英格兰的狮子和一只代表苏格兰的独角兽守护。盾徽周围用法文写着一句格言，意为“恶有恶报”；下端悬挂着嘉德勋章，饰带上写着“天有上帝，我有权利”。

◎气候

英国因受北大西洋暖流影响，冬暖夏凉，四季寒暑变化不大，属于温带海洋性气候。英国最高气温通常不超过32℃，最低气温不低于－10℃，1月的平均气温在4～7℃之间，7月在13～17℃之间。年平均降水量为1000毫米左右，英国的北部和西部山区的年降水量超过2000毫米，中部和东部则少于800毫米。在每年的2~3月是英国天气

最为干燥的时期，10 月至来年的 1 月则是英国气候最为湿润的时期。

◎资源

英国主要出产煤、铁、石油和天然气等矿产资源。其中已探知的硬煤储量为 1700 亿吨；铁的蕴藏量约为 38 亿吨，石油蕴藏量约在 10 ~ 40 亿吨之间；天然气蕴藏量约在 8600 ~ 25850 亿立方米左右。并且英国西南部的康沃尔半岛上有锡矿；柴郡和达腊姆蕴藏着大量的石盐矿；斯塔福德郡有优质的粘土资源；康沃尔半岛出产优质的白粘土；奔宁山脉东坡可以开采出优质的白云石；而在英国西南部的施尔德利丘陵附近蕴藏着大量的石英矿。

◎经济

英国是公认的世界经济强国之一。其在 2007 年国家生产总值世界排名中居世界第五位。在英国现在的国民经济中，制造业所占的比重有所下降，服务业和能源所占的比重却在不断增大，其中以商业、金融业和保险业发展的最快。首都伦敦是公认的世界性金融和贸易中心。

旅游业是英国重要的经济部门之一，每年的经济效益值可达到 700 多亿英镑，占世界旅游经济总收入的 5%左右。英国具有其独特的旅游看点，就是英国的王室文化和博物馆文化，主要的旅游景点有伦敦、爱丁堡、加的夫、布赖顿、格林威治、斯特拉福、牛津、剑桥等。

英国是世界上第四大贸易国，贸易经济总值占世界贸易总值的 5%以上。主要出口机械、汽车、航空设备、电器和电子产品、化工产品和石油，进口以原材料和食品为主，其中商品和劳务出口约占国内生产总值的 25%。同时英国还是世界第六大海外投资国和第六大对外援助国。

金融业是保持英国贸易平衡的主力军，从业人员有 100 多万，创造的经济价值达到 132 亿英镑，占国内生产总值的 5%以上。英国政府十分重视和鼓励外国人士对英国投资，并将其视为引进新技术、新产品、新的管理方法和提高就业、增加出口的有利途径，这也是外商将英国作为欧洲投资首选的重要原因。

英国伦敦塔桥

法国

法国的全称为法兰西共和国，位于欧洲西部，与比利时、卢森堡、德国、瑞士、意大利、摩纳哥、安道尔和西班牙等国接壤，隔英吉利海峡与英国相望。因为是第一、第二次世界大战的主要战胜国，因而成为联合国安理会常任理事国，对安理会议案拥有否决权。同时还是欧盟和北约创始会员国之一、八国集团之一和欧洲四大经济体之一，也是《申根公约》的成员国。

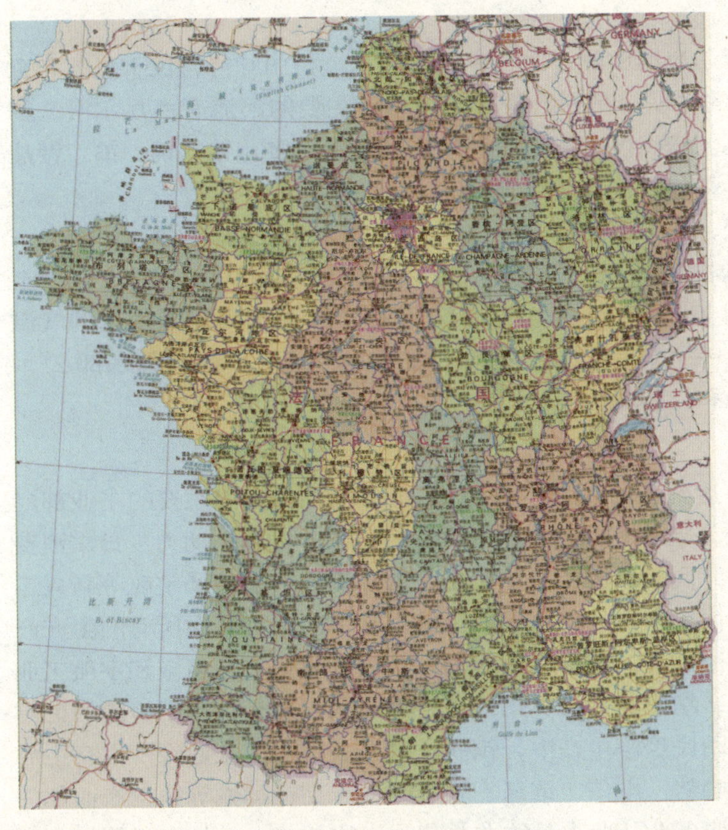

◎基本概况

法国国旗是沿用1789年法国资产阶级革命时期，巴黎国民的自卫队的队旗，它是由蓝、白、红三色组成的，其中白色居中，代表国王，象征国王的神圣地位；红、蓝两色分列两边，代表巴黎市民；同时这三色又象征法国王室和巴黎资产阶级的联盟。法国的国旗还带有自由、平等、博爱的寓意。

法国没有正式国徽，但传统上采用大革命时期的纹章作为国家的标志。纹章为椭圆形，上绘有束棒，束棒两侧饰有橄榄枝和橡树枝叶，其间缠绕的饰带上用法文写着“自由、平等、博爱”。整个图案由带有古罗马军团勋章的环带饰品围绕。

据调查，截止到2008年1月1日，法国的人口总数为6380万，其中本土的常住人口有6190万人，海外人口190万人，还包括居住在边境的阿尔萨斯人、布列塔尼人、科西嘉人、巴斯克人、佛拉芒人等。在这些居民中有81.4%的人信仰天主教，6.89%的人信仰伊斯兰教，其他人信仰新教、犹太教、佛教等宗教。法国通用的官方语言是法语。

◎地理自然环境

法国国土的总面积为55.1602万平方千米（包括科西嘉岛），是西欧面积最大的国家，其中位于地中海的科西嘉岛是法国最大的岛屿。同时还是世界闻名的旅游胜地，拥有丰富的文化遗产和绮丽的自然风光，其中蓝色海岸是法国著名的海岸风光观光地带。马赛、勒阿弗尔、敦刻尔克、南特、圣纳泽尔、鲁昂等都是法国重要的海港口岸。

法国的地势东南高西北低。阿尔卑斯山地和侏罗山地占据了东部的大部区域；西南边境有比利牛斯山脉；中南部为中央高原；中央高原和比利牛斯山地间的西南地区为阿基坦盆地；北部是巴黎盆地；西北部为阿莫里坎丘陵，其中平原面积占国土总面积的2/3。

法国主要的山脉有阿尔卑斯山脉、比利牛斯山脉和汝拉山脉等，位于法国和意大利边境，海拔4810米的勃朗峰是西欧最高的山峰。主要的河流有卢瓦尔河、罗讷河、塞纳河、马恩河等。铁、煤、铝土等矿产资源储量较多，铅、锌、铀、钾盐等矿产资源也较为丰富。森林覆盖率达到26.4%以上。

法国的气候复杂多变，西部属温带海洋性气候，南部属地中海气候，中部和东部则属于温带大陆性气候。全国的平均降水量从西北往东南从600毫米递增至1000毫米以上，山区达1500毫米以上。气温差异较大，1月时西部及南部的气温在4～7℃，东部及北部1～3℃；7月时北部及西部16～18℃，南部及东部21～24℃，大部分地区气候温和，环境优美。

◎经济体系结构

法国经济生产总值可达到2.520万亿美元，居世界前列，国内主要的工业部门有矿业、冶金、汽车制造、造船、机械制造、纺织、化工、电器、动力、日常消费品、食品加工和建筑业等，同时核能、石油化工、海洋开发、航空和宇航等新兴工业部门的发展速度也比较快，所占的经济生产比值也在不断增加。在所有的生产产业中，核电设备能力、石油加工技术仅次于美国，位居世界第二；航空和宇航工业居世界第三位；钢铁工业、纺织业占世界第六位；同时法国还是仅次于美国的世界第二大农产品出口国。在国民经济生产中，钢铁、汽车、建筑等工业经济占有主导地位，但是有日趋减少的趋势。电信、信息、旅游服务和交通运输等第三产业部门的业务量增幅较大，其中服务业从业人员约占总劳动力的70%，总体来说第三产业在法国经济中所占的比重呈现出逐年上升的趋势。

德国

德国位于欧洲西部，是以议会共和制为主体的国家政体。德国是一个经济高度发达的国家，其经济实力位居欧洲第一，是世界第四大经济体。每年的10月3日是德国的国庆日。

◎国旗

德国国旗是由黑、红、金（黄）三个平行相等的横长方形相连而成的，德国国旗呈横长方形，长与宽的比例为5:3。德国国旗中的黑色象征悲悯被压迫的人们，红色是争取自由的心情，金色是理想和真理光辉的标志。这种三色国旗可以在机场、宾馆、宴会和其他场合悬挂，但是联邦政府机构和驻外使馆等重要的政府机构，必须悬挂带有黑鹰图案的国旗。

德国的国旗最早可追溯到公元1世纪的古罗马帝国时期，在16世纪的德国农民战争和17世纪的德国资产阶级民主革命中，三色旗以代表共和制的寓意被作为德意志的国旗，随后经过多次改变，但是在德国统一后，仍被用为德意志联邦共和国的国旗。

◎国徽

德国的国徽是一个金黄色的盾徽。盾面上有一头红爪红嘴、双翼展开的黑鹰，象征着力量和勇气。早在9世纪时就出现了以雄鹰为图案的徽章，据说这个图案是由法兰克国王查理一世的军队从罗马帝国传入德国的，真正被应用并广为流传是在12世纪。其实早在1950年，当时的德国曾制定出一款国徽，其图案为一枚土黄色盾徽上绘着一只风格独特的黑色雄鹰，鹰的喙、爪均为红色。

◎国花

德国的国花是矢车菊。矢车菊属于菊科，又被称为蓝芙蓉、荔枝菊、翠蓝等。这种花的头状花序生在纤细茎秆的顶端，姿态优美得仿佛是一位在向着太阳祈祷幸福和欢乐的隽秀少女。矢车菊是德国的名花，德国人用她象征日耳曼民族爱国、乐观、顽强、俭朴的特征。经过德国人多年的研究培育，这种“原野上的小花”已经繁衍出浅蓝、蓝紫、深蓝、深紫、雪青、淡红、玫瑰红、白等多种色系。

◎人文自然地理

德国地处欧洲中部，滨临北海和波罗的海，与波兰、捷克、奥地利、瑞士、荷兰、比利时、卢森堡、法国、丹麦等国家接壤，是欧洲邻国最多的国家。德国的国土面积为 35.7 万平方千米。依据北低南高的地势形态，可分为平均海拔不到 100 米的北德平原；由东西走向的高地块构成的中德山地；在德国的西南部，就是莱茵段的裂谷地区，两旁是山地；南部是巴伐利亚高原和阿尔卑斯山脉。其中海拔 2963 米的阿尔卑斯山脉的主峰祖格峰是德国的最高山峰。

德国境内的主要河流有莱茵河（流经境内有 865 千米）、易北河、威悉河、奥得河、多瑙河，其中莱茵河是德国最大的河流。德国境内较大的湖泊有博登湖、基姆湖、阿莫尔湖、里次湖。

德国的主要人口是德意志人、丹麦人、索布族人、弗里斯兰人和吉普赛人等少数民族，总人口约有 8211 万人，还有 725.6 万的外籍人口，通用的语言是德语。全国居民中有 30%的人信仰新教，31%的人信仰罗马天主教。

◎经济概况

德国是一个经济体系高度发达的工业国家，其 2008 年的 GDP 总值是 38180 亿美元，位居欧洲首位，德国还是西方七大工业国的重要成员之一，对世界经济和金融形势的发展有着重要作用。

德国是一个商品出口大国，在世界出口国中位居第二。在德国，每三个人中就有一个从事出口行业的工作，其所生产的汽车、机械产品、电气、运输设备、化学品和钢铁等商品中有一半销往国外。主要进口石油、服装、粮食、能源和工用原料等商品。

德国的旅游业和交通运输业十分发达，同时还是世界有名的啤酒生产大国，每年的啤酒产量都位居世界前列。同时德国还是最早研制成功磁悬浮铁路技术的国家。

意大利

意大利位于欧洲南部，其国土主要是由靴子型的亚平宁半岛和位于地中海中的西西里岛和萨丁岛组成。它与法国、瑞士、奥地利以及斯洛文尼亚等国接壤，由于领土的特殊性，意大利国土中间包围着圣马力诺和梵蒂冈两个袖珍国。意大利划分为 20 个行政区，共 103 个省，8088 个市（镇），首都是罗马。意大利是世界上经济高度发达的国家之一，是北大西洋公约组织和欧盟的创始成员国之一。同时还因为其优美的自然风光和浓重的人文气息而被人们称为“美丽的国度”。

◎国旗和国徽

意大利的国旗呈长方形，长与宽的比例为 3∶2。旗面由 3 个平行、相等的竖长方形相连构成，从左至右依次为绿、白、红 3 色。

国徽呈圆形，中心是一个带红边的五角星图案，象征着意大利共和国的政权机构；在五角星的背后是一个大齿轮，象征劳动者；齿轮周围由橄榄枝叶和橡树叶环绕，象征和平与强盛；底部的红色绶带上用意大利文写着“意大利共和国”。

◎自然资源

意大利的总人口大约有 6011 万（2009 年），94％的居民为意大利人，还有法兰西人、拉丁人、弗留里人等少数民族人口。通用语言是意大利语，在个别地区使用法语和德语。大部分的意大利居民信仰天主教。

意大利的海岸线长约 7200 多千米，国界线中的 80％为海界。意大利的东、西、南三面紧靠地中海的属海亚德里亚海、爱奥尼亚海和第勒尼安海，并且与突尼斯、马耳他和阿尔及利亚隔海相望。意大利全境 4/5 的地区是山丘地带。阿尔卑斯山脉位于意大利的北部，亚平宁山脉位于意大利的中部。意大利境内火山和地震多发，在亚平宁半岛西侧就有十分著名的维苏威火山，而位于西西里岛上的埃特纳火山是欧洲最大的活火山。意大利最大河流是发源于阿尔卑斯山南坡，蕴藏着丰富的水能的波河。湖泊有加尔达湖、马焦雷湖、科摩湖等。

意大利的大部分地区都是属于亚热带地中海气候，1 月的平均气温在 2～10℃之间，7 月的平均气温在 23～26℃之间。年平均降水量在 500～1000 毫米之间。意大利的矿产资源匮乏，仅有水力、地热、天然气、大理石、汞、硫磺等，还出产有少量铅、铝、锌和铝矾土等矿产资源。

◎经济

意大利的经济发展与其他的欧洲国家相比，存在资源贫乏、工业起步较晚等方面的劣势，但是意大利政府十分注重经济政策调整，重视研究和引进新技术，对促进本国的经济发展起到了很好的作用。由于本国的自然资源比较匮乏，所以主要发展以工业加工为主的工业体系，其中原油年加工能力为 1 亿吨左右，有“欧洲炼油厂”之称；钢铁生产总量位居欧洲第二；塑料工业、拖拉机制造业、电力工业等也位居世界前列。

在意大利，主要是由伊利、埃尼和埃菲姆三大国营财团掌握着全国的经济命脉，主要经营钢铁、造船、机械、石油、化工、军火等部门，每年所创造的生产总值占全国工业产值的 1/3。但是，近 70%的国内生产总值是由国内的中小企业创造的。这些中小企业大都是从事制革、制鞋、纺织、家具、首饰、酿酒、机械、大理石开采及电子工业等行业，具有专业化程度高、适应能力强、劳动力安排富于伸缩性和产品出口的比例大等优点，因此意大利也被人们称为是“中小企业王国”。

意大利的自然风光秀丽，文化古迹众多，且气候温暖湿润，有保护良好的自然沙滩和风景优美的山区景色，是闻名世界的旅游胜地。意大利的旅游业是弥补国家收支逆差的重要手段，是其国民生产中的重要收入来源。

◎农牧渔业

意大利的山地众多，可以种植粮食的肥沃土壤少，这使得其农业可耕地面积仅占全国总面积的 10%（1995 年），但是意大利却是世界上的第二大葡萄酒生产国，其每年的葡萄酒产量都占世界总产量的 1/5。意大利除水果和蔬菜外，是农产品的纯进口国。

希腊

希腊共和国，简称希腊，位于欧洲东南部巴尔干半岛南端。北面与保加利亚、马其顿以及阿尔巴尼亚接壤，东部则与土耳其接壤，濒临爱琴海，西南临近爱奥尼亚海及地中海。希腊被誉为是西方文明的发源地，拥有悠久的历史，并对三大洲的历史发展有过重大影响。

◎国旗

希腊国旗呈长方形，长与宽的比例为3∶2。旗面是由4道白条和5道蓝条相间组成。左上方有一蓝色正方形，其中绘有白十字。9条宽带表示“不自由毋宁死”，这句格言的希腊文的9个音节。蓝色象征蓝天，白色象征对基督教的信仰。

◎国徽

希腊国徽的图案是绿色橄榄枝环绕着一枚蓝底白十字盾徽的，蓝白两色是代表希腊国家的色彩，象征着天水之间的这块净土，希腊人把橄榄视为和平与智慧的象征，传说橄榄是由希腊人最崇拜的女神雅典娜所种植，而根据《圣经·旧约全书》记载，橄榄枝、鸽子是平安、友好、和平的使者。希腊国徽的线条简朴流畅，充分体现了希腊人民对基督教的忠诚和对和平的热爱。

◎国花

油橄榄又名齐墩果，属于木犀科、齐墩果属常绿乔木，是著名的亚热带果树和重要的经济林木。油橄榄具有较高的食用价值，可以制成优质食用橄榄油，居各食用植物油产量的第6位。

◎经济

希腊是欧洲联盟中经济发展比较差的国家之一，人均国内生产总值在欧盟 15 国中排行较为靠后。经济基础比较薄弱，对外界依赖较严重。从 20 世纪 80 年代末以来，希腊的经济发展速度缓慢，国家公共赤字和债务、通货膨涨率居高不下。近年来希政府严厉推行通货紧缩政策，加大了打击偷税漏税的力度，实施了减少公共支出，加快私有化进程等一系列的措施，以求摆脱多年来的经济困境。经过几年的努力，希腊的经济指标出现好转。经过希腊人民的不断努力，今天希腊已经摆脱了过去的经济困境，在世界富裕国家前 50 名的排名中排第 39 位。

◎奥运会

希腊是奥运会的发源地。

希腊人在公元前 776 年规定每 4 年在奥林匹亚举办一次运动会。运动会举行期间，全希腊的运动选手及附近黎民百姓相聚于奥林匹亚这个希腊南部的风景秀丽的小镇，共同享受运动的快乐。

欧洲第二大河——多瑙河

多瑙河水色碧青，被人们赞誉为“蓝色的多瑙河”，是欧洲仅次于伏尔加河的第二大河。它发源于德国西南部的黑林山的东坡，自西向东流经奥地利、斯洛伐克、匈牙利、克罗地亚、塞尔维亚、保加利亚、罗马尼亚、乌克兰等国家，在乌克兰中南部注入黑海。它流经 9 个国家，是世界上干流流经国家最多的河流。支流廷伸至瑞士、波兰、意大利、波斯尼亚–黑塞哥维那、捷克以及斯洛文尼亚、摩尔多瓦 7 国，最后在罗马尼亚东部的苏利纳注入黑海。多瑙河全长 2850 千米，流域面积 81.7 万平方千米，河口平均流量为 6430 立方米/秒，年平均径流量 2030 亿立方米。

◎流域地貌

多瑙河三面被大山所包围，位于中欧的东南部。西部有黑林山，南部由西至东有阿尔卑斯山、韦莱比特山、迪纳拉山、老山以及巴尔干山；北部自西至东有捷克林山、舒马瓦山、苏台德山和喀尔巴阡山；东面临近黑海。

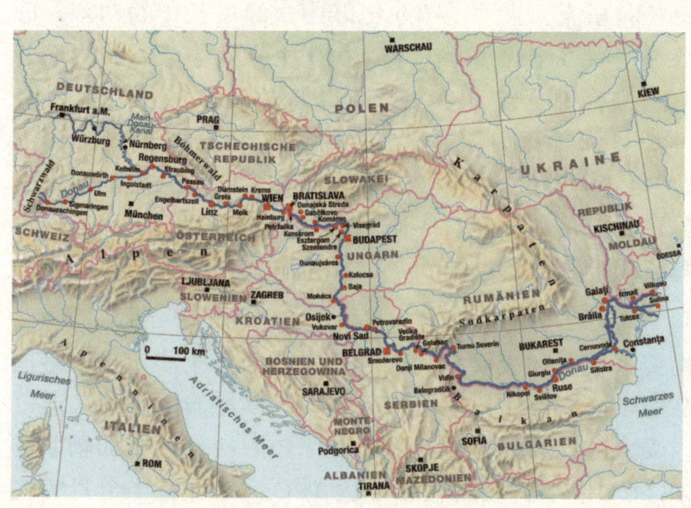

多瑙河流经区域图

布雷格河与布里加赫河是多瑙河的两大源头，它们的发源地都在德国黑林山的东坡，海拔高度分别为 1010 米和 1125 米。经过两河的汇合点多瑙厄申根后，多瑙河流向东北。从乌尔姆至帕绍，多瑙河穿过巴伐利亚高原北侧。在因戈尔施塔特至雷根斯堡河段，多瑙河横切施瓦本·弗兰克山，河谷狭深。河道经过雷根斯堡后转向东南，从帕绍至典地利的林茨，穿越阿尔卑斯山脉北坡与捷克高原之间的丘陵地带，形成典型的山地河流，河谷变窄，滩多流急。过林茨后，河道改向东流，进入维也纳盆地，多瑙河从斯洛伐克布拉迪斯拉发附近的匈牙利门峡流出后，进入小匈牙利平原，河床变宽，流速减缓，河道分开，绕过泥沙淤积而成的大、小许特岛（面积 1901 平方千米）。出科马诺，多瑙河进入维谢格拉德峡，然后河道转向南流，过布达佩斯进入大匈牙利平

多瑙河流经奥地利的河段秀丽的风光

原，河流呈平原河流特征，河谷变宽，河床降低，河道弯曲，常有河汊和牛轭湖。多瑙河从南斯拉夫贝尔格莱德转向东流，直冲南喀尔巴阡山。经过长年的切割，形成了壮丽险峻的卡特拉克塔峡谷，峡谷全长130千米，由4个峡谷组成。其中最著名的是铁门峡。峡谷河段首尾水位差30米，最窄处仅132米，最深处达82米。多瑙河出铁门峡后，进入下游平原，河谷宽阔，岸边有宽约10～15千米的湖泊和沼泽带，河口三角洲长80千米，每年以约24.38～30.5米的增长速度向黑海延伸，三角洲面积5640平方千米以上，在三角洲顶点，多瑙河分成三条汊河，即基利亚、苏利纳和斯芬图乔治，其入海流量分别占总量的66%、16%和18%。

◎流域气候

多瑙河流域的西部和东南部，气温和气候湿润程度适宜，雨量丰沛。整个多瑙河流域属于温带气候区，有从温带海洋性气候向温带大陆性气候过渡的性质。河口地区则具有草原性气候特性，受大陆性气候影响，整个冬季较寒冷。以布加勒斯特为例，夏季有3个月的气温在20℃以下，最高气温可达34℃，冬季有3个月的气温低于0℃，最低气温－3.5℃。

就多瑙河全流域来说，大部分降水出现在夏季和秋初（6～9月），高山地区冬季有降雪。降雪量占全年降水量的10%～30%。多瑙河流域内降雨分布不均匀。奥地利阿尔卑斯山区降雨量最大，年平均降雨量超过2510毫米，最大年降雨量超过3000毫米。降雨量最少的地区是大匈牙利低平原和斯洛伐克摩拉瓦流域地势较低的部分以及下游地区，特别是锡雷特河以东地区和河口地区，其年平均降雨量不到600毫米，干旱年份降雨量不到平均降雨量的一半。总的来说，上游地区年降雨量较多，约为 1000 ~ 1500 毫米，中下游平原地区降雨量少，约为 700 ~ 1000 毫米，全流域平均降水量 863 毫米。

◎多瑙河的流域范围和水流量

夏秋季的暴雨或长期连绵降雨、春季高山积雪融化和冬季冰凌等是多瑙河洪水的主要来源。多瑙河洪水有两个基本特点：一是全流域发生特大洪水是极其罕见的，大多数洪水只限于发生在局部河段；二是全年各个季节都有可能发生洪水，只是分别出现在不同的河段。

多瑙河边结满冰霜的树木

多瑙河的春季融雪洪水，主要有两个源头，一是源于阿尔卑斯山的上游右岸支流；二是源于喀尔巴阡山的下游左岸支流。此外，中游下段 3 条支流——德拉瓦河、萨瓦河、大摩拉瓦河，由于上游山区的融雪洪水，也会在贝尔格莱德附近河段产生春汛。在奥地利河段、斯洛伐克与匈牙利边界河段、中游的下段经常出现因降雨而产生的夏季洪水和秋季洪水。这些河段的洪水是两方面的原因造成的，一般来自两岸的支流，另外，上游的河水也对它们有一定的影响。布达佩斯以下的许多河段都出现过冰凌洪水，因此冰坝壅高的水位有时超过伏汛水位 2.5 ~ 3.0 米。由于雨雪洪水的相互补充以及上、中、下游河段洪水的错峰，多瑙河的水位和流量过程线比较均匀，但在时空上分配仍不均匀。一般来说，多瑙河水位在 11 月至次年 2 月为最低，7 ~ 8 月也较低，低水位时，影响通航。冬季河口附近河段结冰，结冰期约 40 天，融冰时间需延续两个星期。多瑙河各主要控制站的多年平均流量为：乌尔姆，控制面积 7578 平方千米，多年平均流量 114 立方米 / 秒；林茨，控制面积 7.949 万平方千米，多年平均流量 1479 立方米 / 秒；布拉迪斯拉发，控制面积 3.129 万平方千米，多年平均流量 2050 立方米 / 秒；布达佩斯，控制面积 18.4767 万平方千米，多年平均流量 2360 立方米 / 秒；贝尔格莱德，控制面积 51.28 万平方千米，多年平均流量 5320 立方米 / 秒。

世界最大的陆间海——地中海

地中海被欧、亚、非三大洲包围着，北面是欧洲大陆，南面是非洲大陆。东面是亚洲大陆。东西共长约4000千米，南北最宽处大约为1800千米，面积（包括马尔马拉海，但不包括黑海）约为251.2万平方千米，是世界上最大的陆间海。以亚平宁半岛、西西里岛和突尼斯之间的突尼斯海峡为界，分东、西两部分。平均深度为1450米，最深处为5092米。地中海盐度较高，最高达39.5‰。在地中海相关的记录中，最深的地方是希腊南面的爱奥尼亚海盆，在海平面以下5121米。地中海存在的时间比大西洋还要悠久，堪称世界上最古老的海。

地中海是亚、欧、非三大洲的交通枢纽，是大西洋、印度洋和太平洋之间往来的捷径。

◎基本概述

地中海西端通过直布罗陀海峡与大西洋沟通，东部通过土耳其海峡和黑海相连，东南部经19世纪时开通的苏伊士运河与红海沟通。最窄处仅13千米，航道相对较浅。地中海由于处在欧亚板块和非洲板块交界处，是世界最强地震带之一。地中海地区著名的火山有维苏威火山、埃特纳火山。

地中海沿岸地区夏天干燥炎热，冬天湿润温暖，被称为地中海性气候。地中海植被叶质坚硬，叶面有蜡质，根系深，有适应夏季干热气候的耐旱特征，属亚热带

地中海海域法国著名的旅游胜地里维埃拉

常绿硬叶林。地中海气候地区的光热充足，欧洲的很多亚热带水果就出产在这里，盛产柑橘、无花果和葡萄等，还有木本油料作物油橄榄。

◎自然资源

由于地中海的海水中缺乏很多海洋生物所必需的磷酸盐、硝酸盐等，因此，地中海的水产资源不是很丰富，渔业的发展程度也不高，只有小规模的捕鱼业。地中海中重要的鱼类有：无须鳕、鲆鲽、鳎、大菱鲆、沙丁鱼、鳀鱼、蓝鳍金枪鱼、狐鲣和鲭鱼。也出产贝类、珊瑚、海绵和海藻。目前，因对地中海海洋动植物的过量捕杀而产生的影响已经很严重了。

西班牙、西西里、利比亚和突尼西亚沿岸发现了石油，亚得里亚海发现了天然气。地中海沿岸的很多国家的重要收入来源是依靠旅游业。由于地中海是最大的陆间海，冬暖多雨，夏热干燥，海水温度较高，蒸发作用非常大，使海水含盐度高达39‰左右，盐业生产成了沿岸各国的一项重要经济活动。由于地中海四周几乎都是陆地的地理环境，造成了严重的海水环流障碍，同时严重阻隔了海洋动植物赖以生存的氧气与养料的混合，这也是地中海生物比其他海洋中少的重要原因之一。

◎气候类型

地中海气候的特点是：冬季受西风带控制，锋面气旋活动频繁，气候温和，最冷月均温在4～10℃之间，降水量丰沛。夏季在副热带高压控制下，气流下沉，气候炎热干燥，云量稀少，阳光充足。全年降水量300～1000毫米，冬季降水量约占全年降水量的60%～70%，夏季降水量所占比例只有30%～40%。地中海冬湿夏干的气候特征，在世界各种气候类型中，可谓独树一帜。地中海气候的特征也使其周围的河流冬季雨水常满，而夏季则会干旱枯竭。

全世界的气候类型有10多种，全年受气压带、风带交替控制的气候类型，除了地中海气候外，还有热带草原气候与热带沙漠气候。地中海气候主要分布在南北美洲纬度在30°～40° 之间的大陆西岸。地中海气候是唯一的除南极洲以外，世界各大洲都有的气候类型。地中海气候的分布地区中，以地中海沿岸最为明显。其他地区如北美洲的加利福尼亚沿海、南美洲的智利中部、非洲南端的好望角地区和澳大利亚西南及东南沿海等。地中海气候分布的地区大部分经济比较发达，同时也是全世界的热点地区。

欧洲最长的河流——伏尔加河

伏尔加河是世界上最长的内流河，也是欧洲最长的河，长 3690 千米。最终注入里海。伏尔加河位于俄罗斯西南部，因此，在俄罗斯的国民经济和人民生活中起着举足轻重的作用。俄罗斯人民把伏尔加河称为他们的“母亲河”，就像黄河之于中华儿女一样。

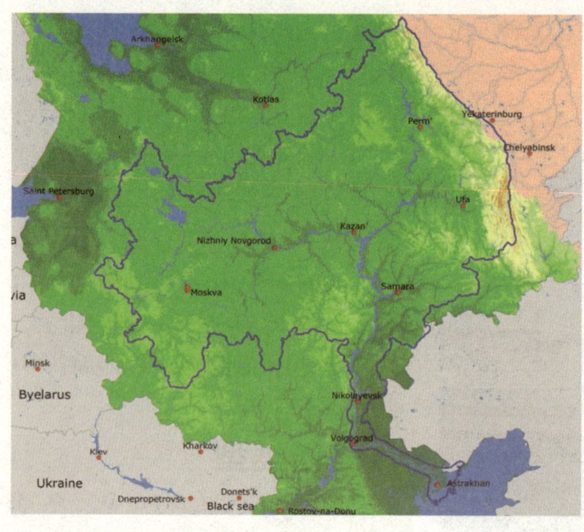

伏尔加河流域地形图

◎基本概况

伏尔加河是俄罗斯内河航运的主干道，发源于东欧平原西部的瓦尔代丘陵中的湖沼间，流经森林带、森林草原带和草原带，注入里海。在这个流域居住的 6450 万人，约占俄罗斯人口的 43%。它通过伏尔加河—波罗的海运河连接波罗的海，通往北德纳维河水系和白海—波罗的海接通白海，通过伏尔加河—顿河运河与亚速海和黑海沟通，因此，伏尔加河又有“五海之河”的美称。

伏尔加河是俄国历史的摇篮。伏尔加盆地占俄罗斯欧洲部分面积的 2/5，居民几乎占俄罗斯联邦全部人口的 1/2。伏尔加河巨大的经济、文化和历史的重要性—还有河流及其盆地的巨大面积—使其跻身于世界大河之列。

伏尔加河发源于俄罗斯加里宁州奥斯塔什科夫区、瓦尔代丘陵东南的湖泊间，源头海拔 228 米。自源头向东北流至雷宾斯克转向东南，至古比雪夫折向南，流至

晨光中，宽广而美丽的伏尔加河。

伏尔加格勒后，向东南注入里海。河流全长 3688 千米，流域面积 138 万平方千米，河口多年平均流量约为 8000 立方米 / 秒，年径流量为 2540 亿立方米。伏尔加河干流总落差 256 米，平均坡降 0.007。河流流速缓慢，河道弯曲，多沙洲和浅滩，两岸多牛轭湖和废河道。在伏尔加格勒以下，由于流经半荒漠和荒漠，水分被蒸发，没有支流汇入，流量降低。伏尔加河河源处海拔仅有 228 米，而河口处低于海平面 28 米。从距河源不远的尔热夫算起，往下 3000 多千米的河段内，总落差仅有 190 米，因此河水流速缓慢，沙洲、浅滩、牛轭湖、废河道广为分布，是一条典型的平原河流。河口三角洲面积为 1.9 万平方千米。

伏尔加河是欧洲最大的河流，也是世界上最大的内陆河

◎水系组成

伏尔加河支流众多，河网密布。有 200 余条主要支流，大多自左岸与其汇合，最大的支流有奥卡河和卡马河。伏尔加河支流河道总长约 8 万千米。它源自莫斯科西北瓦尔代丘陵，源头海拔 228 米，河口在海平面以下 28 米。

伏尔加河可分成 3 段：上游，从发源地到与奥卡河汇合处；中游，从与奥卡河汇合处到与卡马河汇合处；下游，从与卡马河汇合处到窝瓦河本身的河口。

1. 上游

伏尔加河从源头流出后，会经过很多彼此之间相通的低洼湖泊和河流，下行穿过维什涅伏洛茨基冰碛山岭，形成石滩和急流，一直到奥卡河口为伏尔加河上游，此段河长 1327 千米。在斯塔利茨城以下，伏尔加河进入广阔而微有起伏的低地。在特维尔察河与谢克斯纳河之间，伏尔加河接受了许多支流，其中大的支流右岸有：绍沙河、杜布纳河、涅尔河；左岸有：梅德韦季察河、莫洛力河及谢克斯纳河。从谢尔巴科夫城至雅罗斯拉夫尔城，伏尔加河奔流在两岸高峻且布满针叶林和阔叶林的峡谷中，之后河流进入广阔的低地。在科斯特罗马城以下，两岸又变得高峻，再下行又为低地。

2. 中游

伏尔加河的中游是从奥卡河口至卡马河口，全长约 511 千米。中游河段接纳近 40 条支流，以右岸的苏拉河和斯维亚加河、左岸的维特卢加河为最大。较大的河流还有克尔仁涅茨河、鲁特卡河、大科克沙河、小科克沙河、伊列季河、卡赞河、库德马河、松多维克河及齐维利河等。

3. 下游

卡马河口以下就是伏尔加河的下游，河段长 1850 千米。伏尔加河在察列夫库

尔干附近绕过索科尔山形成长约 200 千米的萨马拉河湾，古比雪夫水电站就兴建在这里。伏尔加河在斯大林格勒附近进入里海低地。在此分出一条左岸支汊——阿赫图巴河。此后，再无支流汇入。伏尔加河下游河段汇入的较大支流只有契列姆尚河、萨马拉河、大伊尔吉兹河及小伊尔吉兹河、耶鲁斯兰河等。伏尔加河与阿赫图巴汊河之间的陆地叫阿赫图巴河漫滩。漫滩总面积为 7500 平方千米；平水期面积为 900 平方千米。伏尔加河在里海出口处形成广阔的三角洲，在伏尔加河 80 余条汊河中只有巴赫捷米罗夫斯基河、老伏尔加河、布赞河及阿赫图巴河能够通航。

◎流域地貌

河流盆地约 138 万平方千米，西从瓦尔代丘陵和中俄罗斯高地延伸至东边的乌拉山脉，南边在萨拉托夫突然变窄。自卡梅申至河口约 644 千米，其间未接纳任何支流。窝瓦盆地内有 4 个地理带：密茂而潮湿的森林带，从上游伸展至下诺夫哥罗德和喀山；森林大草原，从下诺夫哥罗德和喀山伸展至萨马拉和萨拉托夫；大草原，从萨马拉和萨拉托夫伸展至窝瓦格勒；半荒漠低地，向东南伸展至里海。

伏尔加河流域位于俄罗斯平原中部，自西向南倾斜，北部和西部略为隆起。北部和西北部，在古代冰川区域内分布着大量湖泊，一般都不大，最大的有白湖和谢利格尔湖。

在伏尔加河流域，结晶岩基底全被沉积岩所覆盖，流域内海拔低于 200 米的低地约占 65%，丘陵占 35%。丘陵高度为 200 ~ 250 米，300 米以上者甚少。

◎流域气候

伏尔加河流域的大部分地区属于大陆性气候，整个流域的是森林气候，而下游左岸属草原气候和半荒漠气候。伏尔加河盆地的气候从北至南变化很大。从源头至卡马河口是温和气候带，特点是冬季寒冷、多雪；夏季温暖而潮湿。从卡马河至窝瓦山下方，夏季炎热、干燥，冬季寒冷但很少降雪。愈向南和东推进，温度愈增，而降水量愈减。

更多的人们是因为列宾这幅著名的《伏尔加河上的纤夫》而更加深刻地了解了这条伟大的母亲河所承载的俄国人民曾经深刻的苦难。

欧洲的脊梁——阿尔卑斯山脉

欧洲最高大、最雄伟的山脉非阿尔卑斯山脉莫属。阿尔卑斯山脉西起法国东南部的尼斯，经瑞士、德国南部、意大利北部，东到维也纳盆地，呈弧形贯穿了法国、瑞士、德国、意大利、奥地利和斯洛文尼亚6个国家，绵延1200千米。山势高峻，平均海拔约达到3000米左右。海拔4000米以上的山峰有100多座，其主峰勃朗峰海拔4807米，高耸于意大利与法国边境之间，是欧洲第一高峰，因其峰顶的积雪终年不化而得名。

◎历史概况

大约在1.5亿年前，阿尔卑斯山脉还是古地中海的一部分，随后陆地逐渐隆起，形成了高大的阿尔卑斯山脉。整个山脉的地壳至今还不稳定，地震频繁。近百万年以来，欧洲经历了几次大冰期，阿尔卑斯山区形成了很典型的冰川地形，许多山峰怪石嶙峋，峰角尖锐，山区还有很多深邃的冰川槽谷和冰碛湖。直到现在，阿尔卑斯山脉的现代冰川面积总共还有3600平方千米，比欧洲国家卢森堡还要大。

◎自然环境

阿尔卑斯山脉植被的分布有着明显的带状结构特征。山地的南坡，海拔800米

以下属亚热带常绿硬叶林带；800～1800米为温带森林带，其下部为以山毛榉和冷杉为主的混合林带，上部为由云杉、冷杉、雪松等组成的针叶林；1800～2300米处为森林上限；以上为高山草甸；再上则为裸露的岩石和终年积雪的山峰。夏天，阿尔卑斯山的气候凉爽，是人们避暑的好去处，而到了冬天，则适合在这里进行滑雪、观赏雪景等户外活动。

阿尔卑斯山下美丽的湖泊景色

阿尔卑斯山除了主山脉外，还有4条支脉伸向中南欧各地：向西一条伸进伊比利亚半岛，称为比利牛斯山脉；向南一条为亚平宁山脉，它构成了亚平宁半岛的主脊；东南一条称迪纳拉山脉，它纵贯整个巴尔干半岛的西侧，并伸入地中海，经克里特岛和塞浦路斯岛直抵小亚细亚半岛；东北一条称喀尔巴阡山脉，它在东欧平原的南侧一连拐了两个大弯然后从保加利亚直临黑海之滨。

◎气候条件

由于四周有高山围绕，阿尔卑斯山区越深的山谷气候就越干燥，而越高的山峰则会有越多的降雨。降雪量在各地区之间也存在较大的差异。海拔700米的地区，有雪的日子每年约3个月；1800米地区，有雪的日子可达半年；2500米地区，有雪的日子可达10个月，2800米以上地区，则终年积雪。在冬天，阿尔卑斯山区经常阳光灿烂。因此，要想去阿尔卑斯山区旅游，冬天是最好的季节。

火车从静寂的阿尔卑斯山间驶过

克里米亚半岛

克里米亚半岛又称克里木半岛，是位于欧洲南部的半岛。西南与黑海相邻，东北与亚速海相连，北以彼列科普地峡与大陆相接。疆界与乌克兰克里木州相同。大体呈菱形，面积为2.55万平方千米。人口约228万。曾属于克里木汗国，后并入俄国，1954年起划归乌克兰。克里米亚半岛的北、中部为平原，东南部的刻赤半岛为低丘陵地区，铁矿蕴藏量比较丰富。

◎地理环境

克里木半岛的气候类型大致是地中海气候，常年温暖潮湿，风景优美，气候宜人，因苏联曾经把这里作为旅游疗养胜地而著名。克里木半岛的名城雅尔塔曾是苏美英三国首脑举行会议的地方，第二次世界大战中的克里米亚战役就发生在克里木半岛。克里木半岛南部属亚热带气候。克里木半岛上1月份平均气温1~2℃，7月份平均气温24℃；年降水量300~500毫米。克里木半岛南部的克里木山地是长150千米、宽50千米的中型山地，该山地北坡平缓，南坡陡峻，最高峰罗曼科什峰海拔1545米。山区有茂密的栎木、山毛榉和松林，山顶为草地，多处已辟为自然保护区。克里木山南麓滨海地带长约150千米，宽2~8千米。冬季温和，1月份平均气温4℃；年降水量500~700毫米，西部山地达1000~1200毫米。克里木

半岛上的河流短而且水量少，植被属地中海类型。平原地区主产小麦、玉米、向日葵等。南部狭长的滨海地带广泛种植葡萄、亚热带果树、香精油料作物和烟草等。有采矿、化工、机械制造、食品等工业，大型企业多集中在铁矿开采中心刻赤。交通便捷，旅游区、疗养区和城镇呈珠状分布，是苏联最大的疗养、旅游胜地。主要城市有辛菲罗波尔、塞瓦斯托波尔、刻赤、叶夫帕托里亚及雅尔塔等。

◎自然人文

克里木半岛如今还有克里米亚战争中英国轻骑兵被歼灭的遗迹和悬崖上俄罗斯的 9 个圆顶教堂。1991 年，在由苏联保守派发动、最终失败的“紧急状态”中，苏联首任也是最后一任总统戈尔巴乔夫就被囚禁在这里的乡间别墅中。在果园、葡萄园和树木的掩映下，散落着许多村庄、清真寺、修道院、俄罗斯皇家宫殿以及古希腊和中世纪的城堡。这些名胜古迹显示，从 6 世纪到 19 世纪中叶，依次有基督教徒、穆斯林鞑靼人和犹太人在这里居住和生活，这里也是为数不多的能够看到乌克兰文化古迹的地区。

除俄罗斯人和乌克兰人外，岛上还有约 26 万重归故乡的鞑靼人、约 1000 万说突厥语的犹太人、德国人、亚美尼亚人、希腊人和保加利亚人。

◎著名旅游城市——雅尔塔

著名的旅游城市雅尔塔位于风景如画的乌克兰克里米亚半岛，洁白的海滩，湛蓝的海水，是大自然给雅尔塔人最好的礼物。

这个黑海之滨的小城，除了以其人间仙境般的自然风光招徕各国的游客来此休闲度假之外，还有很多世界名人政要在这里留下传说。雅尔塔第一次名声大振是由于 1945 年在此召开了确定了雅尔塔体系的国际会议，在这次会议上美国的罗斯福总统、英国的首相丘吉尔和苏联的斯大林齐聚于此，讨论战后的世界政治格局的确定和利益的划分。雅尔塔会议的旧址——俄罗斯末代沙皇的行宫弗兰兹宫。宫殿分四层，其中一、二层为雅尔塔会议旧址展览，宽敞的宫殿里陈列的展品有：巨大的圆形谈判桌、签字台、签字的条约和协议，还有丘吉尔的烟斗、斯大林的元帅服。仿佛又让人看到了昔日世界领袖们非凡的气质。

第04章 北美洲

北美洲位于西半球的北部，三面环海，东濒大西洋，西临太平洋，北至北冰洋，南部与南美洲相连，以巴拿马运河为界。北美洲面积为 2422.8 万平方千米，约占世界陆地总面积的 16.2%。北美洲大陆北宽南窄，如一个倒置的梯形。北美洲气候较为复杂，跨寒带、温带、热带 3 个气温带。北美洲自然资源丰富，经济较为发达。

地理概述

如果按照地形来说，北美洲分为东部地区（拉布拉多高原阿巴拉契亚山脉以东的地区）、中部地区（拉布拉多高原阿巴拉契亚山脉与落基山脉之间）、西部地区（属美洲科迪勒拉山系北段，落基山脉是该区骨架）、阿拉斯加、加拿大北极群岛、格陵兰岛、墨西哥、中美洲和西印度群岛，一共9个地区。

◎北美洲地形基本特征

北美洲有很明显的地形特征，它分为3个南北纵列带，西部是高大的山系，中部是广阔的平原，东部是坡度较缓的高地。西部高大的山系属科迪勒拉山系，由海岸山脉、内华达山脉及落基山脉等几列平行的山脉组成。山脉间分布着高原和盆地。中部广阔的平原分布在西部山地和东部高地之间，北起北冰洋，南抵墨西哥湾，是一片纵贯北美大陆中部的广阔平原。平原上有世界最大的淡水湖群——苏必利尔湖、密歇根湖、休伦湖、伊利湖、安大略湖五大湖。北美洲东部有非常低缓的高地，它们主要是由阿巴拉契亚山脉和拉布拉多高原构成的。这里由于经过长久的海水侵蚀，而逐渐形成了坡度低缓的山地和高地。

◎地理区域

东部地区：这里东临大西洋，有曲折的海岸线，北美洲的多数港口集中在这一地区。圣劳伦斯河谷以北为拉布拉多高原，海拔300~600米，多冰川湖，有湖泊高原之称；拉布拉多高原以南为阿巴拉契亚山脉，通常海拔1000~1500米，山脉西侧为阿巴拉契亚高原，山脉与大西洋间有狭窄的山麓高原和沿海平原。众多短小湍急的河流，流经山麓硬、软岩层的交接处，形成瀑布。这里是北美洲工农业发展较早的区域，同时还是很重要的工商业和金融业中心。

中部地区：这个地区位于拉布拉多高原至阿巴拉契亚山脉与落基山脉之间。北起丘吉尔河上游，南达墨西哥湾，长约3000千米，宽2000多千米。是北美洲小麦、玉米、大豆、棉花最集中的产区及肉用畜牧业最发达的地区。

西部地区：这个地区主要是由高大的山脉和高原组成，属美洲科迪勒拉山系的北段。落基山脉是该区地形的骨架，该地区多火山、有温泉，常有地震。内地气候较干旱，以畜牧业、养殖业为主。太平洋沿岸的一部分地区，主要为种植亚热带水果的园艺业，这个地区采矿业占的比重很大，而制造业则是以飞机、船舶制造等为主。

阿拉斯加：这个地区位于北美洲的西北部。大陆部分，山脉分列南北，中部为育空高原，太平洋沿岸地区多火山，地震频繁。矿产主要有石油、金、锡、铜、煤等。这里的经济主要以采矿业、渔业和皮毛业等为主。阿留申群岛是位于阿拉斯加西南的火山岛群，地震频繁，主要是以主产皮毛、兽类的驯养和渔业为主。

加拿大北极群岛：该岛是位于北美大陆以北、格陵兰岛以西的众多岛屿的总称。面积约160万平方千米。人口稀少，居民主要以因纽特人为主。各岛之间有许多海峡，其中巴芬岛与拉布拉多半岛之间的哈得孙海峡，是哈得孙湾通往大西洋的海上交通要道。各个岛屿岩石裸露，多为海拔500～1000多米的山地，长期受冰川作用，多冰川地形和冰川作用形成的湖泊。该岛海边的平原都很狭窄，海岸曲折，多峡湾。该岛气候寒冷，每年的平均降水量不到300毫米。居民主要是以捕鱼和捕海兽为生。

墨西哥：这个城市位于北美洲的南部，是剑麻、银胶菊等栽培植物的原产地。

西印度群岛：这个岛群位于大西洋及其属海加勒比海、墨西哥湾之间。15世纪末，哥伦布来到这个地方，当时他误认为这里是印度附近的岛屿，因该岛位于印度以西的西半球，于是称作西印度群岛，一直沿用至今。包括巴哈马、古巴、牙买加、海地、多米尼加共和国、安提瓜、巴布达、多米尼克国、圣卢西亚、圣文森特、格林纳丁斯、巴巴多斯、格林纳达、特立尼达多巴哥、圣基茨和尼维斯等国家，还包括美国、英国、法国和荷兰的10多个属地，这个岛群的面积大约是24万平方千米。

格陵兰（丹）：该地区位于北美洲的东北部，介于北冰洋和大西洋之间。它的首府是戈特霍布。面积约217.56万平方千米，是世界第一大岛。常被称为格陵兰次大陆。人口的80%是格陵兰人。全岛大约4/5的地区处于北极圈内，全岛面积的84%被冰雪所覆盖。中部偏东最高海拔为3300米，边缘地区海拔1000～2000米。该岛气候寒冷，矿物主要有冰晶石、铁、锌、铅、锆、褐煤等。现在，在这个地区的南部又发现了钼、铀等矿石。动物有麝牛、驯鹿、北极熊等，这里的居民主要以渔业为主。另外，在南部地区还有一少部分人以畜牧业、鱼类加工、采矿业，尤其是南端冰晶石的开采为重点。

自然环境及自然资源

北美洲的大陆海岸线大约长 6 万千米。西部的北段、北部和东部海岸比较曲折，多岛屿和峡湾；南部海岸较平直。这里的岛屿总面积大概有 400 万平方千米，居各大洲之首，格陵兰岛有“世界最大岛”的称号。

◎地形

北美洲海拔低于 200 米的平原大约占了 20%，海拔 200～500 米的平原和丘陵大约占了 22%，海拔 500 米以上的高原和山地大约占了 58%，北美洲全洲的平均海拔是 700 米。所谓大陆地形，它的显著特征就是南北走向的山脉分布于东西两侧与海岸平行，大平原主要分布于中部。这里的地形划分较为明显，主要分为以下 3 个区域。

东部山地和高原：在圣劳伦斯河以北是拉布拉多高原，以南是阿巴拉契亚山脉。这里的地势南高北低，海拔通常为 300～500 米。在阿巴拉契亚山脉东侧沿大西洋有一条狭窄的海岸平原，西侧逐渐下降和中部平原相接。

中部平原：位于拉布拉多高原、阿巴拉契亚山脉和落基山脉之间，北起哈得孙湾，南至墨西哥湾，纵贯大陆中部。平原的北部多湖泊和急流，而南部属密西西比河平原。平原西部是世界著名的大平原。

西部山地和高原：位于科迪勒拉山系北段，由阿拉斯加一直延伸到墨西哥以南。主要包括三条平行山地：东带为海拔 2000～3000 米以上的落基山脉，南北延伸 5000 千米，是北美洲气候的重要分界线；西带南起美国的海岸山岭，向北入海，形成加拿大西部的沿海岛屿，海拔通常是 500～1000 米；中带包括北部的阿拉斯加山脉、加拿大的海岸山脉、美国的内华达山脉和喀斯喀特岭等。阿拉斯加的麦金利山海拔 6194 米，是北美洲的最高峰。在东带和中带之间是高原和盆地，盆地底部海拔是 1300～800 米，位于盆地南部的死谷低于海平面 86 米，是西半球陆地的最低点。

◎气候

北美洲地域广阔，气候复杂多样，跨热带、温带、寒带，不过主要是以温带大陆性气候为主。北部在北极圈中，是冰雪世界。南部加勒比海受赤道暖流之益，但有热带飓风侵袭。大陆中部广大地区位于北温带。由于所有的山脉都是南北或近似南北走向，所以从太平洋来的湿润空气只能达到西部沿海地区；从北冰洋来的冷空气可以经过中部平原长驱南下；从大西洋吹来的湿润空气也可以经过中部平原深入到北部，所以北美洲的气候多变，冬季有时温暖，有时寒冷，甚至在墨西哥湾沿岸的亚热带地区，冬天也有可能会出现严寒和下雪的现象。

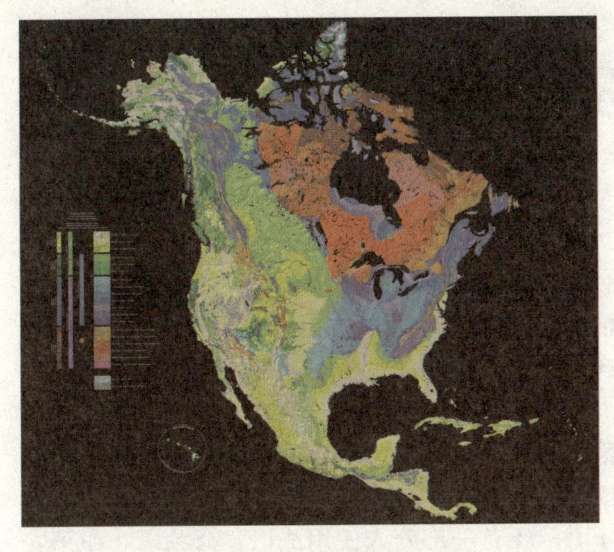

在北美洲最冷的月份（1 月）里，平均气温低于 0℃的地区大约占整个北美洲面积的 3/4；整个北极群岛（北美大陆以北、格陵兰岛以西众多岛屿的总称）及格陵兰岛的大部分地区气温都低于 –32℃，格陵兰岛中部气温低达 –50℃，成为西半球的寒极。夏季全洲温度普遍增高，格陵兰岛中部最热月（7 月，沿海多为 8 月）平均气温为 0 ~ 3℃，成为北半球夏季最冷的地区；其余广大地区气温都在 0 ~ 32℃之间，其中气温在 20℃以上的地区约占北美洲总面积的一半以上，气温在 30℃以上的地区面积较小。位于美国西南部的死谷，最高气温曾经达到 56.7℃，是全洲最热的地区。北美洲东部地区的降水相对较多。

在加拿大和格陵兰岛的东南部、美国的东部、加拿大和阿拉斯加的太平洋沿岸地区年降水量约为 300 ~ 500 毫米；加拿大和阿拉斯加的太平洋沿岸降水量高达 2000 毫米以上，是北美洲降水最多的地区；佛罗里达半岛、落基山脉东麓及大平原、育空高原年降水量为 100 ~ 250 毫米；加勒比海地区属热带雨林气候，终年高温多雨。降水量最少的地区是美国大盆地西南部、科罗拉多河下游以及北极群岛和格陵兰岛的北部，年平均降水量都不到 100 毫米。每年 5 月，北美洲东南部常遭受飓风侵袭，往往造成严重灾害。在冬天的时候，北美洲中部和北部往往会刮寒冷且猛烈的暴风和陆地龙卷风。通常西风在翻过落基山脉之后，就会在东麓形成钦诺克焚风。

◎自然资源

北美洲的主要矿物资源是石油、天然气、煤炭、铁、铜、镍、铀、铅、锌等。北美洲的森林面积约占整个北美洲面积的 30%，约占世界森林总面积的 18%。主要分布在西部山地，盛产达格拉斯黄杉、巨型金针柏、奴特卡花柏、糖槭、松树、红杉、铁杉等木材。草原面积占整个北美洲面积的 14.5%，约占世界草原面积的 11%。目前北美洲可供开发的水力资源蕴藏量大约是 2.48 亿千瓦，占世界总蕴藏量的 8.9%，现在已被开发的水力资源为 5360 万千瓦，约占世界的 34.7%。

北美洲的沿海地区有很多渔场，它们的面积大约占世界沿海渔场总面积的 20%。西部和加拿大东部的边缘海区为主要渔场，盛产鲑、鲽、鳕、鲭、鳗、鲱、沙丁、比目、萨门等鱼类。另外，在加拿大东部沿海还出产鲸，北部沿海则分布有海象、海豹以及北极熊等。

居民及经济概况

◎居民

人口：北美洲的人口一共是 4.62 亿，约占世界总人口的 8%。但是，北美洲人口分布并不均衡，大多数人居住在东南部地区，而其中又以纽约附近和伊利湖周围人口密度最大，每平方千米人口达到 200 人；在北部与美国西部内陆等地广人稀的地区，每平方千米还不到 1 人。

民族：北美洲多数居民是欧洲移民的后裔，其中又以盎格鲁萨克逊人居多；其次是印第安人、混血种人，还有因纽特人、波多黎各人、犹太人、日本人和华人等。这里的通用语言为英语、西班牙语，还有一部分人使用法语、荷兰语、印第安语等。

宗教：这里的居民主要信奉基督教和天主教。

◎经济概况

工业：就经济状况来说，美国和加拿大都是经济发达的国家。工业基础雄厚、生产能力大、科学技术先进。农、林、牧、渔业也很发达。北美洲其他国家除墨西哥有一些工业基础外，多为单一经济国家。北美洲采矿业规模较大，主要开采煤、石油、天然气、铁、铜、铅、锌、镍、硫磺等，而锡、锰、铬、钴、铝土矿、金刚石、硝石、锑、钽、铌以及天然橡胶等重要的战略原料几乎全部或大部分靠进口。这里的主要工业品产量在世界总产量中的比重是：铁、钢、铜、锌等都占大约 20%左右，铝占 40%以上，汽车占 37%。

农业：就北美洲的农业来说，其生产的专门化、商品化和机械化程度都已经非常高了。这里的中部平原是世界著名的农业区之一，农作物主要以玉米、小麦、水稻、棉花、大豆、烟草为主，北美洲的大豆、玉米和小麦产量在世界总产量中占有极大的比重。西印度群岛诸国家和地区是以种植甘蔗、香蕉、咖啡、可可等热带作物为主。

交通：北美洲的铁路总长是 42 万多千米。内河通航里程约 55000 多千米。公路交通四通八达。美国东北部是交通最发达的地区，其次是美国中部、东南部、西部沿海地区。加拿大东南部、墨西哥东部以公路和铁路运输为主。另外，古巴地区的糖厂铁路专用线也异常发达。在加拿大的中部地区，运输主要是靠夏季河运和冬季雪橇运输，而在北部的寒冷地区则以雪橇运输为主。

美国

美国全名美利坚合众国，是一个由50个州和一个联邦直辖特区组成的宪政联邦共和制国家。它东临大西洋，西近太平洋，北靠加拿大，南接墨西哥。美国国土面积超过962万平方千米，位居全球第三。其人口总量超过3亿人，少于中国和印度。1776年7月4日，在费城召开的大陆会议正式通过了《独立宣言》，宣告美国独立。自1870年以来，美国国民经济高居全球第一。现在的美国，已经是联合国安理会五大常任理事国之一，并且它在全球的政治、经济、军事、娱乐等领域的庞大影响力也是其他国家所无法比拟的。

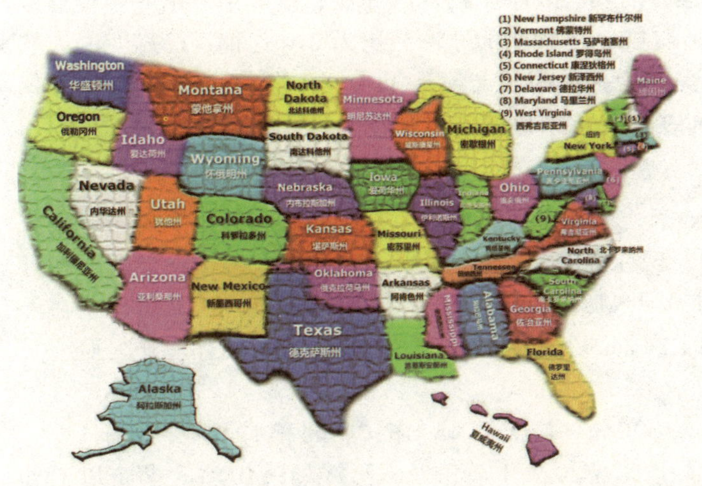

◎基本概况

美国国旗，别称为“星条旗”、“古老的光荣”。它的旗面呈横长方形，长与宽的比例是19:10。旗面左上角为蓝色星区，区内共有9排50颗白色五角星，以一排6颗、一排5颗交错排列。星区以外是13道红白相间的条纹。50颗星代表美国50个州，13道条纹代表最初的北美13块殖民地。据华盛顿说：红色条纹象征英国，白色条纹象征脱离它而获得的自由。更普遍的说法认为，红色象征勇气，白色象征自由，蓝色则象征忠诚和正义。每年的6月14日是“美国国旗制定纪念日”。当天，美国全国都会举行各种形式的纪念活动。

美国国徽的外围有两个同心圆，内部一只白头海雕（秃鹰）雄踞中央，双翼展开，其右爪握一束橄榄枝，左爪握13支利箭，尖嘴中叼着一条飘带，上面用拉丁文写着“合众为一”。秃鹰的胸前是一枚盾形纹章，纹章上部是蓝色横纹，下部是红白相间的竖纹，象征美国国旗。秃鹰的上方是蓝色天空中的13颗星，周围光芒万大，环绕着云朵组成的图案。在美国人看来，秃鹰象征着最至高无上的统治权；橄榄枝和箭象征着主宰和平与战争的权力；而秃鹰上方的群星图案则象征着拥有主权的新生共和国。

◎气候

美国的气候非常奇特，它的境内几乎有着世界上所有的气候类型（地跨寒、温、热三带，本土处于温带），在主要农业地带少有严重的干旱和洪水发生，并且有着温和而又能取得足够降水量的气温。能够对美国气候造成影响的主要是北极气流，每年都会从太平洋带来大规模的低气压，这些低气压在通过内华达山脉、洛矶山脉和喀斯喀特山脉时夹带了大量水分，当这些低气压到达中部大平原时便能进行重组，导致因主要的气团相遇而带来的激烈的大雷雨，特别是在春季和夏季。有些时候，这些暴雨可能会和其他的低气压相会，继续前往东海岸和大西洋，并演变为更激烈的东北风暴，在美国东北的中大西洋区域和新英格兰形成广泛而大量的降雪。中部大平原广阔无比的草原也形成了许多世界上最极端的气候转变现象。

◎资源

美国有非常丰富的自然资源。它们的煤、石油、天然气、铁矿石、钾盐、磷酸盐、硫磺等矿物储量都排在世界前列。战略矿物资源如钛、锰、钴、铬等主要靠进口。已探明的煤储量为 35966 亿吨；已探明的原油储量为 270 亿桶；已探明的天然气储量为 56034 亿立方米。美国的森林面积大约是 44 亿亩，覆盖率达到 33%。这些得天独厚的财富优势为推动美国的经济发展贡献了巨大的力量。

◎人口

作为全世界最大的移民国家，差不多每年都会有超过 100 万人移民美国。按照 2000 年美国人口普查的数据，现在美国每 10 个人中就有一个人出生在外国；在外国出生的共有 2840 万人，占美国人口的 11%。另外还有 1480 万人的父母出生在外国，1270 万人父母有一方出生在外国，加起来一共有 5600 万人具有“外国血统”，占据美国总人口的 20%。

美国的种族构成是：白人 80.1%、拉美裔 15.1%、非洲裔 12.8%、亚裔 4.4%、印地安人及阿拉斯加土著民 1.0%、夏威夷土著民及太平洋岛民 0.2%、两个以上种族（多种族）1.6%。在这当中，美国黑人、拉美裔和亚裔等少数族裔总人口已经达到了 1.007 亿人。

◎经济

作为发达国家，美国有着极为繁荣的现代市场经济，它的国内生产总值和对外贸易额均居世界首位。20 世纪 90 年代，以信息、生物技术产业为代表的新经济蓬勃发展，受此推动，美国经济经历了长达 10 年的增长期。2001 年美国经济陷入短暂衰退，之后逐步复苏。据 2008 年的统计数字，美国的 GDP 高达 14.334 万亿美元（世界国家和地区排名第一），人均 GDP 是 47025 美元（世界国家和地区第六名）。

在美国，服务业占据了最大的比重，全国有 3/4 的劳动力从事服务业。美国拥有丰富的矿产资源，包括了黄金、石油和铀，但是很多能源的供应都依赖于外国进口。美国是全球最大的农业出口国之一，主要农产品包括玉米、小麦、糖和烟草，中西部大平原地区以惊人的农业产量使其被誉为“世界粮仓”。美国工业产品主要包括汽车、飞机和电子产品。另外，美国的旅游业极为兴盛，位居世界第三。同时，美国还是飞机、钢铁、军火和电子器材的重要出口国。

◎交通运输

交通运输方面，美国的交通网络可以说是很完整和便捷的，运输工具和手段十分多样化。2000 年至 2003 年美国年产值分别为 3137 亿美元、3061 亿美元、3104 亿美元和 3178 亿美元。和运输行业有关的产品、服务大约占了全美经济总量的 3%，吸纳了 1/8 的劳动力就业。

在美国，政府建造了极为方便快捷的大陆铁路网络，用以在 48 个州之间运输货物。美国铁路公司所建造的铁路网也横贯了 48 个州中的 46 个，专门用于客运。美国的铁路货运系统是世界最先进和繁忙的，美国的铁路总长度位居世界第一。但是美国铁路的客运并不如西欧和日本那般发达，部分原因是由于美国国土的辽阔；如果需要去距离较远的大城市，搭乘飞机相对会更节省时间。因此，铁路客运也就受到了影响，美国政府分析认为，空中客运的发达是造成铁路客运公司在 19 世纪 70 年代接连倒闭的主要原因。

很多世界上重要的港口也在美国，比如加利福尼亚洲的洛杉矶港和长堤港，还有纽约港，这些都是世界上最繁忙的港口。五大湖区也有许多船运交通，每一大湖都与密西西比河的河网广泛连接，密西西比河直通大西洋。比如首个连接五大湖和大西洋的伊利运河，不仅促进了美国中西部的农业和工业快速发展，而且使得纽约市成为美国的经济中心。

美国自由女神像，被认为美国的象征。

加拿大

加拿大位于北美洲北部。东临大西洋，西滨太平洋，西北部邻近美国阿拉斯加州，东北与格陵兰（丹）隔戴维斯海峡遥遥相望，南接美国本土，北靠北冰洋，达北极圈。海岸线约长24万多千米。东部气温稍低，南部气候适中，西部气候温和湿润，北部为寒带苔原气候。中西部最高气温达40℃以上，北部最低气温低至-60℃。加拿大被称为世界上海岸线最长的国家。它的南部和美国接壤，国境线长达8892千米。

◎自然地理

加拿大的国土面积是998.467万平方千米，总人口是3352.53万人。加拿大是世界上海岸线最长的国家，约24万多千米。“加拿大”一词源于美洲原住民使用的休伦－易洛魁语中的“Kanata”，意为“村庄”。加拿大的森林覆盖面积占全国总面积的44%，居世界第二位。加拿大也是矿产资源丰富的国家，蕴藏量排世界第三。加拿大可以分为五大地区，它们是东部大西洋区、中部区、草原区、西海岸地区和北部区。

◎经济

加拿大经济发达，是全球最富有的国家之一，同时还是西方七大工业国和世界十大贸易国之一。制造业和高科技产业发达。加拿大重工业的代表有庞巴迪公司；而高科技的代表有ATI技术公司，动态研究，CANDU核反应堆等。同时，资源工业、初级制造业和农业也都是国民经济的重要支柱。

2003年，加拿大制造业的总产值是1759.82亿加元，占国内生产总值的14.5%；从业人员229.4万人，占全国就业人数的14.57%。它的建筑业总产值为548.97亿加元，约占国内生产总值的4.8%，从业人员93.14万人，占全国就业人数的5.91%。

◎资源

加拿大的面积非常辽阔，森林和矿产资源也极为丰富。矿产有60余种，镍、锌、铂、石棉的产量居世界首位，铀、金、镉、铋、石膏的产量居世界第二位。铜、铁、铅、钾、硫磺、钴、铬、钼等产量也十分巨大。已探明的原油储量为80亿桶。森林覆盖面积达440万平方千米，产材林面积达286万平方千米，分别占国土总面积的44%和29%；木材总蓄积量达到172.3亿立方米。加拿大的淡水资源也很丰富，国土面积中有89万平方千米被淡水覆盖，淡水资源占世界的9%。

◎旅游业

旅游业也是加拿大经济收入的一个重要来源。据世界旅游组织的统计数字，加拿大在世界旅游组织收入最高的国家中排名第九。在2003年的时候，旅游收入达226.66亿加元，占国内生产总值的1.87%。接待外国游客3890.27万人。从事旅游服务业的人数达56.14万人（2001年）。在加拿大，较著名的旅游城市有温哥华、渥太华、多伦多、蒙特利尔、魁北克市等。

◎交通运输

加拿大的交通运输业也很发达，水、陆、空运输都很便利。2006年加拿大的铁路总长为72245千米，铁路货运量达2.828亿吨。现在全国高速公路和普通公路总长达140万千米。横贯加拿大的高速公路长7725千米。圣劳伦斯运河深水航道全长3769千米，是世界最长的运河，船舶可从大西洋抵达五大湖水系。整个加拿大共有25个大的深水港和650个小港口。最大的港口是温哥华港，年吞吐量达7000万吨。加拿大大约有商业飞机4500架，经过核准的机场共有886个，主要机场68个。到2001年，航空客运量已经达到595.09亿人，货运量大约是14.2亿吨。

五大湖：世界最大的淡水湖群

在北美洲中东部地区，有着世界上最大的淡水湖群，它们分别是：苏必略湖、密歇根湖、休伦湖、伊利湖和安大略湖——这里也是北美大陆最大的自然景观之一。五大湖总面积约24.566万平方千米，是世界上最大的淡水水系，比英国国土面积还要大。五大湖流域面积约29.58万平方千米（包括五大湖本身面积和与其有关的水道流域面积），美国占72%，加拿大占28%。南北延伸近1110千米，从苏必略湖西端至安大略湖东端长约1400千米。湖水大致从西向东流，注入大西洋。除密歇根湖和休伦湖水平面相等外，各湖水面高度依次下降。五大湖南北相距约1110千米，西自苏必略湖东抵安大略湖约1384千米。除密歇根湖外，其他四大湖都是加拿大与美国之间的天然国界。

◎地形

五大湖都是由西向东流，注入到大西洋。除了密歇根湖和休伦湖外，其他三个湖水面高度依次下降，形成逐渐加快的流速。

苏必略湖周围是安大略省、上密西根半岛、威斯康辛州和明尼苏达州，是最北和最西的湖，是该水系的源头。苏必略湖平均深度148米，是最深的湖，海拔183米，通过圣玛丽斯河注入休伦湖，平均流量2141立方米/秒。

密歇根湖位于苏必略湖南部，周边为上密西根半岛、下密西根半岛、印第安纳州、伊利诺州和威斯康辛州。平均深度84米，水面平均海拔176米，通过麦基诺水道向北注入休伦湖，平均流量1353立方米/秒。

休伦湖较密歇根湖稍大，位于相等海拔高度，但平均深度仅59米。两岸为安大略省与密西根州。通过圣克莱尔河、圣克莱尔湖的浅盆地和底特律河注入伊利湖，平均流量5120立方米/秒。

伊利湖周边是安大略省、纽约州、宾夕法尼亚州、俄亥俄州和密西根州南部。平均深度19米，是五大湖中最浅的一个。湖底自西向东倾斜，西端深度为7米，东端深度为64米，海拔174米。出水水道为尼加拉河，流出量平均5717立方米/

秒。在尼加拉瀑布骤然下泄，然后到达安大略湖。

安大略湖在该水系中面积最小，但平均深度为 86 米位居第二。它位于安大略省与纽约州之间，海拔 75 米，流入圣罗伦斯河时平均流量为 6849 立方米 / 秒。

◎水文和气候

五大湖湖水的主要来源是降水，降水由西向东逐渐增多。苏必略湖区年平均降水量 760 毫米；休伦湖和密歇根湖区为 787 毫米；伊利湖区为 864 毫米；安大略湖区为 914 毫米。五大湖年降水量的 65% ~ 85% 被蒸发掉，伊利湖蒸发量最大。另外，苏必略湖还有一些水源是经过长湖、奥戈基河、哈得孙湾水系所提供。而密歇根湖的一部分水源，是由航行运河流出来的。

从生态环境的角度来说，五大湖对周边地区的气候有很大调节作用。湖水在暖月吸收大量热气，然后在冷月释放到大气中去。所以五大湖区的夏季较凉爽，冬季较温暖。五大湖东岸降水量都明显较高。湖上有时会出现寒冷的大风，尤其在秋末冬初的时候较多。大风能达到 7~9 级，掀起 3 公尺或更高的巨浪。在冬天的时候，水面会大面积结冰，不过在湖中央一般会有小面积无冰水面。

◎经济

1. 资源。尽管在 20 世纪初的时候，人们已将原始松林砍伐殆尽，可是森林培育还是受到了重视，并得到联邦政府和各州政府的支持。美国沿湖各县约有一半的土地被用于耕作，邻近加拿大的各县 1/3 的土地用于农业。这个地区的主要作物是玉米、大豆、牲畜饲料，还包括水果和蔬菜，同时也生产猪肉和乳制品。

2. 工业和交通。在五大湖地区，工业种类繁多。伊利诺、印第安纳、俄亥俄州和安大略省的大型钢厂和以底特律地区为中心的汽车工业生产的钢和汽车在北美洲占很大比例。但更多的人从事服务业。包括铁矿石、煤和粮食大部分供应沿湖各港，但有些货物是通过圣罗伦斯航道运往海外。韦兰运河绕开尼加拉瀑布使船只能从安大略湖抵达伊利湖。在圣玛丽斯河上的航道与船闸使得超过 244 米长的船只能到达苏必略湖。

3. 渔业和游乐。在很长一段时期内，商业性捕鱼都是五大湖的一项主要行业，鱼类品种的减少导致渔业的衰退。虽然少量商业性捕捞仍在继续，但是重点已转向消遣性垂钓。五大湖在游乐活动方面有无法估量的价值。汽艇运动和帆船运动已成为备受欢迎的活动，五大湖区已建成许多小艇停靠站，各湖湖岸有若干英里的沙滩。这里的土地为游人提供了数百个野营、野餐和公园地区，也从而促进了当地旅游业的繁荣。

苏必略湖（Lake Superior）是北美洲五大湖中最大的一座，被加拿大的安大略省与美国的明尼苏达州、威斯康辛州和密歇根州所环绕。苏必略湖是世界上第二大湖泊，也是世界上第一大淡水湖，以蓄水量而言，是世界上第四大的湖。

世界第四长河——密西西比河

密西西比河被誉为是“世界第四长河”，同时也是北美洲流程最长、流域面积最广、水量最大的河流。它位于北美洲中南部。“密西西比”是英文 mississippi 的音译，来源于印第安阿耳冈昆族语言，“密西”和“西比”分别是“大、老”和“水”的意思，“密西西比”即“大河”、“老人河”的意思。该河干流发源于苏必略湖以西，向南流经中部平原，注入墨西哥湾。密西西比河全长 3950 千米，若以发源于落基山脉东坡的最大支流密苏里河的源头算起，密西西比河的全长达 6262 千米，位列世界第四。该河流域北起五大湖附近，南达墨西哥湾，东接阿巴拉契亚山脉，西至落基山脉，面积 322 万平方千米，大约占据北美洲面积的 1/8。共有约 250 多条支流。通常，西岸支流比东岸更多更长，形成巨大且不对称的树枝状水系。这条长河储水量大，近河口处的年平均流量可以达到 1.88 万立方米。

密西西比河可以说是北美洲河流之冠，和它的主要支流加在一起按流域面积计算，为世界第三大水系。作为高度工业化国家的中央河流大动脉，密西西比河已成为世界上最繁忙的商业水道之一。这条原本难以驾驭的河流现已完全被人类很好的控制，流经北美大陆一些最肥沃的农田。密西西比河有两个旁支——东面的俄亥俄河和西面的密苏里河。密西西比河的源头是在明尼苏达州的艾塔斯卡湖，它刚开始时只是一条细流，蜿蜒向南流动。

该河流流域主要有明尼苏达州、威斯康星州、伊利诺伊州、密苏里州、肯塔基州、田纳西州、阿肯色州、密西西比州、路易斯安那州等 10 个州。加上分支，占了美国 29 个州，其中包括印第安纳州、俄亥俄州、蒙大拿州等。另外，威斯康星河最终流经的湖一半在威斯康星，另一半则在密歇根。

密西西比河圣路易斯夜景

按照河流的独特自然特征，密西西比河可以划分为不同河段。源头艾塔斯卡湖到明尼阿波利斯和圣保罗为密西西比河的上游，长 1010 千米，地势低平，水流缓慢。密西西比河盆地及其流域两侧多冰川湖与沼泽，湖水多形成急流瀑布后注入干流。在明尼阿波利斯附近，河流流经 1.2 千米长的峡谷急流带，落差 19.5 米，形成著名的圣安东尼瀑布。沿途有明尼苏达河等支流汇入。密西西比河的中游主要是从明尼阿波利斯和圣保罗到俄亥俄河口的开罗，全长达到 1373 千米，两河先后汇入奇珀瓦河、威斯康星河、得梅因河、伊利诺伊河、密苏里河和俄亥俄河。

在圣路易斯北面的河段，河床有较大的坡度，且有很多急流险滩；圣路易斯周围及其南面地段，河床比降减小，河谷渐宽。自开普吉拉多角以下，河流弯曲度明显增大，河谷开阔，俄亥俄河口处河面宽达 24 千米。开罗以下为密西西比河的下游，长约 1567 千米。主要支流有怀特河、阿肯色河、雷德河等。河口处共有 6 条汊道，长约 30 千米，形如鸟足。河流入海水量的 80%经由西南水道、南水道和阿洛脱水道 3 条主汊道。河流每年的平均输沙量达到 4.95 亿吨，久而久之，就在河口处形成面积达 2.6 万平方千米的巨大鸟足状三角洲，并且以平均每年 96 米的速度不断向墨西哥延伸。

在密西西比河缓慢而漫长的流动中，它润泽着美国陆地上 41%的土地，水量也比所有其他的美国河流都要多。密西西比河同时也是数千万美国人饮用水的来源。流域包括美国 31 个州和加拿大的两个省。密西西比河还被作为许多州的州界。密西西比河从开始垦殖的时候起，就是南北航运大动脉，但历史上的密西西比河灾害比较频繁。在 20 世纪初期的时候，由于中、下游地段河水经常泛滥成灾，导致城镇乡村的建筑很多被毁灭；田地和果园受到重创；工业和交通也几乎崩溃。为此很多人不得不离开家乡流浪，经济损失极为严重。在 1928 年的时候，美国政府制订了全面整治密西西比河的防洪方案和干支流工程计划，干流中下游河段均以堤坝防洪。经过半个多世纪的不懈努力，密西西比河流域已收到了防洪、航运、水电、灌溉、养鱼等综合经济效益。半个世纪以来，密西西比河流域发生了巨大的变化，洪水已被控制，水源得到充分利用。现在到处是布满绿色的河岸，充满生机的工业城镇星罗棋布。繁忙的船舶运输业也使这条历史悠久的大河苏醒过来了，资源丰富的密西西比河使美国更加美丽。

◎地形

说到该河流域的地质和自然地理，基本上就是北美洲内陆低地和大平原的地质和自然地理的翻版。它的边缘达到洛杉矶山脉和阿帕拉契山脉，北面触及加拿大（劳伦琴）地盾。河流主要流经平原地区，河面宽广，一般为 730～1370 米。河床比较小，迂回曲折，水流缓慢，多牛轭湖和沙洲。水系的核心部分，就是密西西比河下游的泛滥平原。整个地区看起来就如一个大漏斗，河水由漏斗的敞口处携带上沉积物和砂砾，然后把这些携带物大部分放置在漏斗出口处的冲积平原，上述描述也说明了密西西比河水系整体上的相互依存性。

◎气候

密西西比河流域的东半部气候非常潮湿，冬、春两季，田纳西河流域、俄亥俄河流域和密西西比河流域南部流量大。自得克萨斯州中部至北达科他州东部有一条南北延伸的亚湿润气候带，既不完全潮湿，又非半干旱。西面是大平原半干旱气候，沿落基山脉山脊以高山气候为主，冬天的降雪在春天和初夏融化流下。

◎水文

密西西比河流域辽阔，各个地区的气候也不相同，所以该河各段的水文特征具有一定差异性。上游河段纬度稍高，以春季融雪和雨水补给为主，4 月出现全年最高水位，6 月因降水增多，出现次高水位，洪水期在 3～7 月，12 月为枯水期。平均流量 2900 立方米 / 秒。该河流冬季封冻，含沙量少。中游平均流量 5800 立方米 / 秒，3～8 月为洪水期，6 月出现最高水位，12 月为枯水期。由于西岸的流经半干旱地区支流的汇入，河流含沙量增大。下游自俄亥俄河汇入后，水量大增，平均径流量达 1.34 万立方米 / 秒，1～6 月为洪水期，4 月会出现最高水位，10 月是枯水期，含沙量大。河流的右岸以密苏里河为首，长度大、水量小、季节变化很明显；而河流左岸以俄亥俄河为首，长度小、水量大、季节变化相对缓和。

第05章 南美洲

南美洲位于西半球的南部，东西分别靠近大西洋、太平洋，北濒加勒比海，南部与南极洲隔德雷克海峡相望。南美洲地形以平原、高原、山地为主，山地地区多火山、地震。南美洲面积约 1797 万平方千米（包括附近岛屿），约占世界陆地总面积的 12%。该洲人口较少，并且分布不均。资源丰富，但尚未得到较好地勘探开发。

地理概述

南美洲的全称是南亚美利加州，地形以山地、高原为主，附近多岛屿。南美洲北部诸国包括圭亚那、苏里南、委内瑞拉和哥伦比亚；安第斯山地中段诸国包括厄瓜多尔、秘鲁、玻利维亚；南美洲南部诸国包括智利、阿根廷、乌拉圭、巴拉圭。东部国家巴西是该洲面积最大、人口最多的国家，总面积约占南美大陆面积的一半。

◎地形

南美洲大陆包括 3 个南北向纵列带：西部是狭长的安第斯山，东部是起伏的高原，中部是广阔平坦的平原低地。南美洲海拔 300 米以下的平原约占全洲面积的 60%，海拔 300 米至海拔 3000 米之间的高原、丘陵和山地面积约占全洲面积的 33%，海拔 3000 米以上的高原和山地约占全洲面积的 7%。全洲平均海拔 600 米。安第斯山脉由几条平行山岭组成，山体最宽处达 400 千米，全长约 9000 千米，大部分海拔在 3000 米以上，是世界上最长的山脉，也是世界最高大的山系之一。安第斯山脉有不少高峰海拔在 6000 米以上，其中阿空加瓜山海拔 6960 米，是南美洲最高峰。南美洲东部有宽广的巴西高原、圭亚那高原。南部则有巴塔哥尼亚高原。南美洲平原自北向南分别为奥里诺科平原、亚马孙平原和拉普拉塔平原。其中亚马孙平原是世界上面积最大的冲积平原，其面积可达 560 万平方千米。亚马孙平原位于亚马孙河的中、下游，这里的地形相对比较平坦，一般海拔不会超过 200 米。

◎地质

南美洲的火山较多，地震也比较频繁而强烈。科迪勒拉山系是太平洋东岸火山带的主要组成部分，安第斯山脉北段有 16 座活火山，南段有 30 多座活火山。海拔达 6723 米的尤耶亚科火山是世界上较高的火山，南美洲太平洋沿岸地区的地震是最频繁的。

◎海岸线

南美洲大陆的海岸线比较平直，长约 28700 千米，多为与山脉走向一致的侵蚀海岸。缺少大半岛和大海湾。大陆南部沿海地区是南美洲岛屿的主要分布地带，但岛屿总数量不多。

自然环境及自然资源

南美洲的气候类型比较多，有热带雨林气候、草原、沙漠气候、地中海气候、温带海洋气候、温带大陆气候等等。南美洲的矿物资源、水产资源和森林资源等都比较丰富。

◎气候

热带雨林和热带草原气候是南美洲最主要的气候，其大概特点是温暖湿润，以热带为主，大陆性不显著。全洲除山地外，冬季最冷月的平均气温均在0℃以上，大陆主要部分的热带地区平均气温超过20℃。冬季远比北美洲暖和。大部分地区夏季最热月平均气温介于26～28℃之间，远不及非洲和澳大利亚大陆的热带地区炎热。南美洲各地气温的年较差较小，不像亚洲、北美洲那样变化剧烈。南美洲几乎所有地方的降水量都比较充沛，其中有70%以上的地区平均年降水量在1000毫米以上，同时也是世界各洲中沙漠分布面积最小的洲。

◎水系

安第斯山是南美洲所有水系的分水岭。大西洋水系的河流大多支流众多、水量丰沛、流域面积广。其中，亚马孙河是世界上最长、流域面积最广、流量最大的河流之一，其支流超过1000千米的有20多条。

南美中西部的荒漠高原和阿根廷的西北部有着南美洲为数不多的主要内流河。南美洲除最南部外，河流终年不结冰。南美洲的瀑布很多，有着世界上落差最大的瀑布——安赫尔瀑布，其落差达979米。南美洲湖泊不多，安第斯山区的荒漠高原地区多构造湖，如喀喀湖、波波湖等；南部巴塔哥尼亚高原区多冰川湖；内流区多内陆盐沼。南美洲最大的湖泊是位于西北部的马拉开波湖。

南美·智利风光

◎自然资源

1. 矿物资源

南美洲的矿物资源储量丰富，如今已知的现代化工行业所需的 20 多种重要的矿物在南美洲基本都能找到，而南美对其矿物资源种类的探测尚未结束。委内瑞拉的石油储量、巴西的铁矿储量位居世界前列；天然气主要分布在委内瑞拉和阿根廷；煤主要分布在哥伦比亚和巴西；铝土矿主要分布在苏里南；南美洲的铜矿储量在 1 亿吨以上，居各大洲首位，智利的铜储量居世界第二位，秘鲁居第四位；南美洲的铋、锑、银、硝石、铍和硫磺储量均居各洲前列；锡、锰、汞、铂、锂、铀、钒、锆、钍、金刚石等矿物也很丰富。

2. 森林资源

南美洲的森林面积约 9.2 亿公顷，占全洲总面积的 50%以上，约占世界森林总面积的 23%。南美洲盛产红木、檀香木、铁树、木棉树、巴西木、香膏木、花梨木等贵重木材。南美洲草原面积约 4.4 亿公顷，约占全洲总面积的 25%，占世界草原总面积的 14%。

3. 水力资源

南美洲水力资源储藏量大约占世界总储量的 16.9%，初步估计达 4.67 亿千瓦；已开发的水力资源为 560 万千瓦，约占世界水力资源总开发量的 3.6%。

4. 渔业

巴西东南部沿海和智利北部沿海的金枪鱼在世界上负有盛名。秘鲁沿海也盛产鱼类，智利沿海盛产沙丁鱼、鳕鱼和鲸。此外，巴西、阿根廷沿海还盛产鲈、鲻、鳀、鲭、鳕等鱼类。秘鲁沿海、巴西沿海是南美洲的两大渔场。

居民及经济概况

南美洲人口的主要特征是分布不均衡，而且民族组成比较复杂。总人口 3.25 亿，约占世界总人口的 5.6%。西北部和东部沿海一带人口稠密，广阔的亚马孙平原是世界人口密度最小的地区之一，每平方千米不到一人。

◎民族

南美洲的民族是一个复杂的社会大融合，有印第安人、白人、黑人以及各种不同的混血人种，以印欧混血为最多。在总人口中，最多的是白种人，黑种人最少，处于中间的是印欧混血人种和印第安人。

◎语言

印第安人使用印第安语；巴西的官方语言为葡萄牙语；法属圭亚那的官方语言为法语；圭亚那的官方语言为英语；苏里南的官方语言为荷兰语，其他国家均以西班牙语为官方语言。

◎宗教

南美洲居民普遍信仰基督教。

◎经济简况

第二次世界大战后，南美的经济格局发生了很大的转变，各国经济得到了飞速的发展，但平均经济水平与综合国力在各地表现出很大的悬殊。巴西、阿根廷已建立起了比较完备的国民经济体系，两国国内生产总值约占全洲 2/3。委内瑞拉、哥伦比亚、智利、秘鲁经济也较发达。

1. 工矿业

南美洲最重要的现代工业是采矿业和制造业。南美各国把采矿业定为国家的基础部门，大部分矿产供出口。委内瑞拉、阿根廷、厄瓜多尔、秘鲁等国的石油；巴西、委内瑞拉、智利的铁；玻利维亚的锡、锑；智利、秘鲁的铜；圭亚那、苏里南的铝土；秘鲁的铅、锌、银、铋；智利的硝石、钼；巴西的铌的产量或出口量在世界工矿业贸易中均占举足轻重的地位。

南美大多数国家以轻工业为制造业的主体，肉类加工、制糖、饮料、皮革、纺织、服装等部门较发达。钢铁、汽车、化工、橡胶、电器、机械等重工业集中在巴西、阿根廷、委内瑞拉、智利、秘鲁、哥伦比亚等国家。

2. 农业

南美洲也很重视农业对经济的影响，并大力推动农业的发展。经济作物在种植业中占据着绝对的优势。人们生活中常见的培植植物可可、向日葵、菠萝、马铃薯、木薯、巴西橡胶树、烟草、金鸡纳树、玉米、西红柿、巴拉圭茶、辣椒等的原产地都在南美洲。甘蔗、香蕉、咖啡的产量占世界总产量的20%~25%，其中巴西的咖啡和香蕉产量均居世界第一位；可可、柑橘的产量均占世界总产量的25%左右，其中巴西的可可产量居世界第三位；南美洲的剑麻产量居各洲第二位，主要产在巴西；巴西木薯产量居世界第一位。南美洲向世界提供所需咖啡、香蕉、蔗糖的绝大部分及大量的棉花、可可、剑麻等。南美洲东南部的阿根廷等国则大量出口肉类和粮食。牛、羊的总头数在世界上占重要地位。沿海盛产鳀鱼、沙丁鱼、鳗鱼、鲈鱼、金枪鱼等，秘鲁和智利为世界著名渔业国。南美洲很多国家里从事农业生产的人口比例很大，但其粮食生产仍然不能满足人们的需要，很多国家的粮食消耗仍需依赖于进口。

◎交通

南美洲的交通方式主要是铁路和公路，其中巴西和阿根廷的交通比较发达。圭亚那、苏里南、委内瑞拉、乌拉圭、智利等国拥有较稠密的公路网。南美洲公路总长约2000000千米，铁路总长约85000千米，内河通航里程约100000千米。

巴西

巴西是南美洲国土面积最大的国家，经济发展也比较领先。巴西曾经有300年的时间处于葡萄牙的殖民统治下，现在是世界各民族大熔炉的缩影。在16世纪，殖民者踏上巴西时，发现这里有一种名贵的树木，从中可提取出欧洲难得的红色染料，遂将此树木称为“红木”，后演变成巴西国名。巴西的国土面积为855万平方千米，国土面积约占南美洲总面积的46%，仅次于俄罗斯、加拿大、中国和美国，为世界第五大国。

◎巴西地理

巴西的地形主要有两种：一种是高原，平均海拔在500米以上，主要分布在西部地区；另一种平原，平均海拔不超过200米，主要分布在北部的亚马孙河流域和东南沿海。全境地形分为亚马孙平原、巴拉圭盆地、巴西高原和圭亚那高原，其中亚马孙平原约占全国面积的1/3。包括亚马孙、巴拉那和圣弗朗西斯科三大河系。亚马孙河横贯巴西西北部，全长6751千米，在巴西的流域面积达390万平方千米；巴拉那河系包括巴拉那河和巴拉圭河，流经巴西西南部，大部分是激流和瀑布，有丰富的水力资源；圣弗朗西斯科河系全长2900千米，流经干旱的巴西东北部，是该地区主要的灌溉水源。巴西海岸线长7400多千米，领海宽度为12海里，领海外专属经济区188海里。

世界上面积最大的亚马孙平原、巴西高原和流域最大的亚马孙河都分布在巴西境内。巴西圣保罗市是南半球最大的城市。

巴西大部分地区属热带气候，南部部分地区为亚热带气候。亚马孙平原年平均气温25～27℃，南部地区年平均气温16～19℃。

◎巴西人口

据2008年6月的统计，巴西全国人口约1.87亿，居世界第五。东南地区是巴西人口最多的地区，根据 IBGE 数据显示，2004 年该地区人口约有 7800 多万，相当于巴西人口总数的 42%。该地区拥有巴西 3 个人口最多的州：圣保罗，7000 万人；米纳斯吉拉斯，1900 万人；里约，1500 万人。还有两个巴西最大的城市：里约市和圣保罗市。在圣保罗市和里约市的交界地带形成了以圣保罗市、里约市为支柱的商业地带，巴西 23%的人口都集中在该地区，是该国人口密度最大的地区。

基于很多历史原因，巴西的种族构成很复杂，而且各种族及其文化差异比较显著。其中白人占巴西人口的 49.4%、混血人占 42.3%、非洲裔黑人占 7.4%、亚裔人口占 0.5%、土著人约占 0.5%，混血人及黑人增长较快。在巴西，不同种族，多种肤色的人生活在一起，组成了一幅绚丽多彩的画面。印第安人是巴西最早的居民。16 世纪以后，葡萄牙、西班牙、意大利、德国等欧洲国家的移民进入巴西。随着巴西种植园的兴起和矿产资源的开采，从 1532 年起，葡萄牙开始从非洲大量贩运黑奴到巴西。到 1822 年巴西独立前，黑人已占巴西人口总数的 60%。19 世纪以后，又有一些中国人和日本人移居到巴西。因此巴西有“人种大熔炉”之称。

◎文化

在巴西，较为时尚的音乐舞蹈大多来自民间，受非洲的影响比较大，典型代表就是桑巴舞，其音乐是由未接受过正式音乐训练的人演奏的。每年 2 月的嘉年华会时蜂拥而出的新歌曲，有许多以当时的社会环境或是周遭发生的事情为题材。透过个人演出表现多姿多彩的嘉年华会，正是巴西多重文化的表现形式之一。

◎巴西经济

巴西目前已经探明的矿产资源的储量相当丰富，铁矿储量为 650 亿吨，产量和出口量居世界第二位。铀矿、铝矾土、锰矿储量均居世界第三位。此外还有较丰富的铬矿、镍矿和黄金矿。煤矿储量为 230 亿吨，但品质低。石油储量约 36 亿桶，另有相当于 15 亿桶石油的油页岩，天然气储量 1330 亿立方米。水力资源丰富。森林覆盖率为 52.2%。巴西工业居拉美国家之首。巴西 20 世纪 70 年代建成了比较完整的工业体系，主要工业部门有钢铁、汽车、造船、石油、水泥、化工、冶金、电力、纺织、建筑等。核电、通讯、电子、飞机制造、军工等产业已跨入世界先进国家的行列。

巴西的咖啡、蔗糖、柑橘产量居世界第一位，可可、大豆居第二位，玉米位居第三。巴西的粮食基本自给，但需进口一部分小麦。巴西的畜牧业也很发达。

世界第一大跨度的依瓜苏瀑布

智利

智利共和国是南美洲西南部的一个国家，在安第斯山脉西麓，首都是圣地亚哥。智利与阿根廷比邻，北接秘鲁、玻利维亚，西滨太平洋，南与南极洲隔海相望。海岸线总长约 1 万千米，是世界上地形最狭长的国家。智利境内的火山较多而且地震频繁。

◎自然地理

智利国土总面积为 75.66 万平方千米，其中陆地面积 75.62 万平方千米，岛屿面积 373 平方千米。海岸线总长约 1 万千米，南北长 4352 千米，东西最窄处 96.8 千米、最宽处 362.3 千米。东部为安第斯山脉的西坡，约占全境东西宽度的 1/3；西部为海拔 300 ~ 2000 米的海岸山脉，大部分地带沿海岸伸展，向南入海，形成众多的沿海岛屿；中部是被冲积物填充的陷落谷地，海拔约 1200 米。智利位于环太平洋地震带上，境内多火山与地震。智利的最高峰是位于智利、阿根廷边境上的奥霍斯 – 德尔萨拉多峰，海拔 6885 米。贯穿智利境内的河流有 30 余条，其中比较重要的有比奥比奥河等。智利的主要岛屿有火地岛、奇洛埃岛、惠灵顿岛等，气候可分为北、中、南 3 个明显不同的地段：北段主要是沙漠气候；中段是冬季多雨、夏季干燥的亚热带地中海式气候；南段为多雨的温带阔叶林气候。智利是南美洲最南端的国家，与南极洲一衣带水，智利人常将自己的国家比作是“天涯之国”。

◎经济发展

智利的经济发展水平在不断提高，但目前还属于发展中国家。渔业、农业、矿业、林业等资源比较丰富，也是智利经济发展的四大支柱性产业。矿藏、森林和水产资源丰富，以盛产铜闻名于世，有“铜矿之国”的称号。已探明的铜蕴藏量达 2 亿吨以上，居世界第一位，约占世界总储藏量的 1/3。智利的铜的产量和出口量均为世界第一。铁矿蕴藏量约 12 亿吨，煤约 50 亿吨。此外，还有硝石、钼、金、银、铝、锌、碘、石油、天然气等。智力盛产温带林木，其木质优良，是南美第一大林产品出口国。智利渔业资源丰富，是世界第五大渔业国。工矿业是智利国民经济的命脉。2001 年，智利的工业总产值为 57220.56 亿比索，矿业总产值为 30507.27 亿比索。智利工矿业从业人口为 82.9 万人，占总劳动力的 14%。2001 年，农、林业产值为 15243.51 亿比索，农业劳动力人口有 70.4 万人，占总劳动力的 12%，全国的耕地面积为 1.66 万平方千米。智利的森林覆盖面积为 1564.9 万公顷，占全国土地面积的 20.8%，主要林产品为木材、纸张等。智利是以经济开放而著称于世的贸易国家。2003 年，出口额突破 200 亿美元大关，达到 210.46 亿美元。

◎旅游业

智利政府对旅游业的发展非常重视。据 2005 年统计，智利全国有旅行社 1024 家，其中 24.2%在圣地亚哥，16.3%在瓦尔帕莱索。智利有酒店 909 家。2005 年，智利的旅游外汇收入 13.9 亿美元,共接待外国游客 202.7 万人次。智利的游客主要来自以阿根廷为主的一些周边国家、北美洲和欧洲。2005 年，智利公民出境旅游达 265.1 万人次。

◎交通运输

1. 公路　总长 10 万千米，其中泛美公路长达 3600 千米。2005 年全国有各种机动车 240 万辆。

2. 海运　智利拥有 79 艘商船，总吨位为 120 万吨，担负着智利 50%的进出口运输任务。有国际海运航线 19 条，有 70 多个沿海港口。2005 年国内外船只装卸量分别为 5668.9 万吨和 3776 万吨，货物总吞吐量达 9444.9 万吨。瓦尔帕莱索港、塔尔卡瓦诺港、安托法加斯塔港、圣安东尼奥港和彭塔阿雷纳斯港是智利的主要港口。

3. 空运　智利国内有 5 家航空公司和 6 个国际机场。智利国家航空公司有波音飞机 11 架，与阿根廷、玻利维亚、巴西、加拿大、法国、秘鲁、西班牙、美国、乌拉圭和委内瑞拉通航；私营的铜业航空公司有波音飞机 7 架，与阿根廷、巴西、哥伦比亚、厄瓜多尔、巴拉圭和美国通航。2005 年国内航线年客运量 319.75 万人次，货运量 29732 吨；国际航线客运量 402.48 万人次，货运量 246783 吨。智利全国有大小机场 325 个，主要的国际机场有首都的阿图罗·梅里诺·贝尼特斯机场和北部阿里卡市的查卡柳塔机场。

阿根廷

阿根廷是南美洲南部的国家，东与大西洋相邻，南与南极洲隔海相望，西与智利相邻，北与玻利维亚、巴拉圭交界，东北与乌拉圭、巴西接壤。阿根廷海岸线全长 4000 多千米，北部属热带气候，中部属亚热带气候，南部为温带气候，国土面积为 278 万平方千米。阿根廷人口总数约为 3660 万人，白人占总人数的 97%，多是意大利和西班牙血统。阿根廷有 87%的民众信仰天主教，其余的人信仰新教或其他宗教，官方语言是西班牙语。

◎地理

阿根廷的国土面积为 278 万平方千米，海岸线长 4000 多千米，是仅次于巴西的拉丁美洲第二大国。地势由西向东逐渐低平。西部是以绵延起伏、巍峨壮丽的安第斯山为主体的山地，纵贯南北 3000 余千米，约占全国总面积的 30%；东部和中部的潘帕斯草原是著名的农牧区；北部主要是格兰查科平原，多沼泽、森林；南部是巴塔哥尼亚高原。主要山脉有奥霍斯·德萨拉多山、梅希卡纳山。南美洲的最高峰是海拔 6964 米的阿空加瓜山。巴拉那河全长 4700 千米，为南美第二大河。主要湖泊有奇基塔湖、阿根廷湖和别德马湖。

◎人口

近年来阿根廷的人口增长速度很快，从 1850 年的 110 万人到 1900 年的 467.3 万人，再到 1930 年的 1493.6 万人，2000 年人口达到了 3780 万人。阿根廷的主要民族是欧洲人和印第安人，其中白种人占 97%，多属意大利和西班牙后裔。是南美洲各国白种人比率最高的国家。混血种人，印第安人及其他人种占 3%。其中，城市人口占五分之四。

◎经济

阿根廷的物产富饶，土地肥沃，水源丰富，气候条件优越，是南美洲综合实力较强的国家之一。工业门类较齐全，主要有钢铁、电力、汽车、石油、化工、纺织、机械、食品等产业。阿根廷的工业产值占国内生产总值的 1/3，核工业发展水平居拉美前列，现拥有 3 座核电站。该国钢产量居拉美前列，机器制造业也具有相当水平，其生产的飞机已打入国际市场。阿根廷的食品加工业也较为先进，主要有肉类加工、乳制品加工、粮食加工、水果加工和酿酒等行业。阿根廷是世界葡萄酒主要生产国之一，年产葡萄酒30亿升。阿根廷的矿产资源有石油、天然气、煤炭、铁、银、铀、铅、锡、石膏、硫磺等。现已探明蕴藏量：石油28.8亿桶、天然气7635亿立方米、煤炭6亿吨、铁3亿吨、铀2.94万吨。阿根廷的森林面积占全国总面积的1/3。沿海渔业资源丰富。国土面积的55%是牧场，农牧业发达，畜牧业占农牧业总产值的40%。全国牲畜的80%集中在潘帕斯大草原。阿根廷是世界粮食和肉类的重要生产国和出口国，素有"粮仓肉库"之称。其中小麦、玉米、大豆、高粱是最主要的粮食作物。在政府的支持下，阿根廷的旅游业增长速度很快，如今已经成为南美洲地区旅游业最发达的国家。阿根廷的主要旅游景点有巴里洛切风景区、伊瓜苏大瀑布、莫雷诺冰川等。

◎文化

阿根廷的传统舞蹈——"探戈"，高雅华美、热情奔放，被视为阿根廷的国粹。探戈舞发源于阿根廷首都布宜诺斯艾利斯的港口地区。在很早之前，大批从非洲、北美洲甚至欧洲移民过来的人滞留在港口，形成了一个特殊的外来社会群体。这群人大多社会地位低下，生活不稳定，靠在酒吧里唱歌、跳舞来消磨时光。开始时，原是男人与男人跳，逐渐改为男人与港口红灯区的风尘女郎跳，现在已演变成高雅、世界知名的舞蹈。阿根廷探戈实际上是这种特殊环境下产生的一种特殊艺术形式，此舞蹈是在米隆加、哈巴涅拉、坎东贝等拉美、非洲的多种民间舞蹈基础上演绎而成的。阿根廷探戈其实非常不同于我们看到的国标舞中的探戈表演。它其实是一种唱多于跳的艺术形式，一般采用男性独唱的形式，偶尔也会在中间穿插一些滑稽剧。整个探戈的主旋律在激昂的键盘和手风琴伴奏下，那种特有的切分节奏总能给人的心灵带来震撼与惊喜。

世界上最长的山脉——安第斯山脉

安第斯山脉是世界上最长的山脉，跨委内瑞拉、哥伦比亚、厄瓜多尔、秘鲁、玻利维亚、智利、阿根廷等国，全长约 8900 千米。属美洲科迪勒拉山系，是科迪勒拉山系的主干，其总长度几乎是喜马拉雅山脉的 3.5 倍。南美洲西部山脉大多与智利巴塔哥尼亚地区的安第斯山脉相互平行，同海岸走向一致，纵贯南美大陆西部，大体上与太平洋洋岸平行，其北段支脉沿加勒比海岸伸入特立尼达岛，南段伸至火地岛。

◎地质

新生代的最后 6640 万年，地球板块的运动造就了如今人们看到的安第斯山系。该山系地质上属年轻的褶皱山系，形成于白垩纪末期至第三纪的阿尔卑斯运动，历经多次褶皱、抬升以及断裂、岩浆侵入和火山活动、地壳活动仍在继续，为环太平洋火山、地震带的一部分。

阿空加瓜山为安第斯山脉的最高峰，海拔 6959 米，也是世界上最高的死火山。尤耶亚科火山海拔 6723 米，是世界最高的活火山。南美洲的火山数量比较多，其中有很大一部分都在安第斯山脉，大概有 40 多座活火山。

◎生态

安第斯山的海拔高度决定着大多数动物的生存能力，气候特征、湿润程度和土壤等条件决定着植物群落的分布。动物的存活要依赖于丰富的食物来源，动、植物的生存上限是永久雪线。有些植物和动物可以在任何海拔高度上生存，其他的则只能生活在某一高度。猫类很少生活在 4300 米以上，白尾小鼠通常不低于 4300 米，最高可达 5700 米。美洲驼、栗色羊驼、羊驼和骆马为高原动物，生活在 3700~4200 米之间高度，但也可在海拔较低的地方生活得很好，而神鹰可以飞至 8600 米。

大约在南纬 35° 的地带，安第斯山脉被划分成两个截然不同的部分。往南，在巴塔哥尼亚安第斯山脉，植物属南方系统而不是安地斯山脉。中纬度的大雨林中有

南洋杉属的针叶树和栎树，还有科因格树、柏树和落叶松。

往北情况就不同了，西科迪勒拉山的南部特别干旱，秘鲁中部和北部稍为潮湿一点，只有湿气和少量降雨。而厄瓜多尔和哥伦比亚的降雨量比较多，气候也很潮湿。植被也随气候而异：南部植被稀少，类似荒漠，但在较高海拔处有干草原。动物有小型南美鹿、美洲狮、兔鼠、豚鼠、毛丝鼠、骆驼、小鼠和蜥蜴；鸟类有神鹰、山鹑和蹼鸡等。在东科迪勒拉山东侧，从玻利维亚向北有繁茂的植被，大部分为热带森林，农业前景比较小，不适于农业种植，但丛林动物非常繁盛。

◎自然资源

有色金属、石油、硝石、硫磺等是目前在安第斯山脉发现的主要矿产资源。有色金属矿多与第三纪、第四纪火山活动和岩浆侵入有关，特别是以矿脉和岩脉形式侵入到上层的岩浆体，如安山岩、闪长岩、玢岩等。最突出的是铜矿，矿区从秘鲁南部至智利中部，是世界最大的斑岩型铜矿床的一部分。安第斯山脉有世界上最大的地下铜矿开采场，在地底深达 1200 米处，其采矿坑道的总长度在 2000 千米以上，自动化生产技术很高，同时还有完善的地下生活设施。石油主要分布在安第斯山北段的山间构造谷地或盆地中。

◎经济

1. 牧业　　高原地区有广袤的天然牧场，这里是当地饲养牛群的人的聚集地。哥伦比亚出口牛，秘鲁有规模巨大的罐装牛奶厂和家畜加工业。在秘鲁和玻利维亚广泛饲养绵羊、山羊、美洲驼和羊驼，并大量出口羊毛和羊驼毛。

2. 矿业　　安第斯山南部的矿区范围很辽阔，是世界上最重要的矿区之一。主要矿物有：智利的铜、煤和铁；玻利维亚的锡、银、铅、锌、铋；秘鲁的金、银、钒、铅、铜、煤、铁和锌；厄瓜多尔的金；哥伦比亚的金、铂、煤、铁和祖母绿。广阔的石油矿床分布在整个安第斯山脉的东侧。

最大的冲积平原——亚马孙平原

亚马孙平原位于亚马孙河的中下游，南美洲北部，介于圭亚那高原和巴西高原之间，西接安第斯山，东滨大西洋。跨巴西、秘鲁、哥伦比亚和玻利维亚四国国土，面积达560万平方千米，是世界上面积最大的冲积平原。亚马孙平原热带雨林密布，植物种类繁多并富有特征；动物种类也很丰富，尤多树栖动物。矿藏主要为石油。人烟稀少，总人口约1500万，包括10万生活在密林中的印第安人。20世纪60年代以来，已有计划地组织移民和发展农牧业，开发自然资源，并已建成贯通全境的亚马孙公路。

◎地形

亚马孙平原的地形总体特征是西宽东窄，最宽处1280千米；地势低平坦荡。大部分在海拔在150米以下，平原中部的马瑙斯，海拔仅44米。东部更低，逐渐接近海平面。亚马孙平原的河漫滩约占平原面积的10%，由松软的近代冲积层组成，地势特别低下，河漫滩之外，45~60米的陡岸之上为高位平原，在西经60°以西最为宽广，表层物质由第三纪和第四纪的沙与黏土组成，已呈部分固结状态。亚马孙平原是在南美洲陆台亚马孙凹陷的基础上，经第四纪上升、成陆后，由亚马孙河干、支流冲积而成的。由于近代沉降的作用，在亚马孙河下游的河口附近并没有形成三角洲。

◎气候

亚马孙平原的全部地区都是热带雨林气候，是世界上面积最大的赤道多雨地区。终年受赤道低气压带控制，盛行上升气流，多对流雨。年平均气温27~28℃，年平均降水量在1500~2500毫米之间。

◎自然资源

亚马孙平原植被茂密、种类繁多，其中特有物种占1/3。据估计，林海中大约蓄积着8亿立方米的木材，约占世界木材蓄积总量的1/5。乔木以桃金娘科、芸香科、楝科、樟科、夹竹桃科等树种居多。盛产红木、乌木、绿木、巴西果、三叶胶、乳木、巴西樱桃果、象牙椰子等多种经济林木，巴西樱桃果树可长到80米高，樱桃果的含油量为73%，比芝麻和花生的含油量要高很多，可以食用，同时也有很高的经济价值。

亚马孙平原的野生动物种类也很多，而且数量庞大。热带雨林中栖息着猴子、树懒、蜂鸟、金刚鹦鹉、巨大蝴蝶和无数蝙蝠，亚马孙河中生活着凯门鳄、淡水龟，以及水栖哺乳类动物如海牛、淡水海豚等，陆地上生活着美洲虎、细腰猫、貘、水豚、犰狳等。另有2500种鱼，以及1600多种鸟。食人鲳、海伦娜闪蝶、勐仑王莲等都是亚马孙平原的原产物种。

◎环境问题

亚马孙平原的原始森林自16世纪起就被人类开发。到1970年，为了解决东北地区的贫困问题，巴西总统下令开发亚马孙平原。这一决策使该地区每年约有8万平方千米的原始森林遭到破坏，1969～1975年，巴西中西部和亚马孙地区的森林被毁掉了11万多平方千米，巴西的森林面积同400年前相比，整整减少了一半。热带雨林的减少不仅意味着森林资源的减少，而且意味着全球范围内的环境恶化。因为森林具有涵养水源、调节气候、消减污染及保持生物多样性的功能。亚马孙平原的热带雨林与世界气候及一切生物的健康关系密切，一旦遭到大肆破坏，将影响全世界人们的生存。

大量二氧化碳的排放使全球气候变暖，危害气候，以至极地冰盖融化，引起洪水泛滥。而森林树木却能吸收大量二氧化碳，使情况有所改善，热带雨林像一个巨大的吞吐机。树木也产生氧气，氧气是人类及所有动物的生命所必需的。亚马孙热带雨林由此被誉为“地球之肺”，如果亚马孙的森林被砍伐殆尽，地球上维持人类生存的氧气将减少1/3。

世界最大的高原——巴西高原

巴西高原，占巴西国土总面积的一半以上，其面积有500多万平方千米，除了南极洲的冰雪大高原，它是世界上最大的高原。巴西高原位于巴西东南部，大部分位于米纳斯吉拉斯州和圣保罗州境内。主要由低山、丘陵高地和平顶高原构成。

◎地理情况

巴西高原跨越南纬5°~30°，位于南美大陆东部，北邻亚马孙平原，西接安第斯山麓，南与拉普拉塔平原相连，东临大西洋。巴西高原为古老高原，发育于巴西陆台，古老的基底岩系由花岗岩、片麻岩、片岩、千枚岩和石英岩等组成。地表起伏比较平缓，地势向北和西北倾斜，大部分具有上升准平原特征，海拔在300~1500米之间。由于各部分构造的具体情况、升隆程度及岩性等的不同，在地形特征

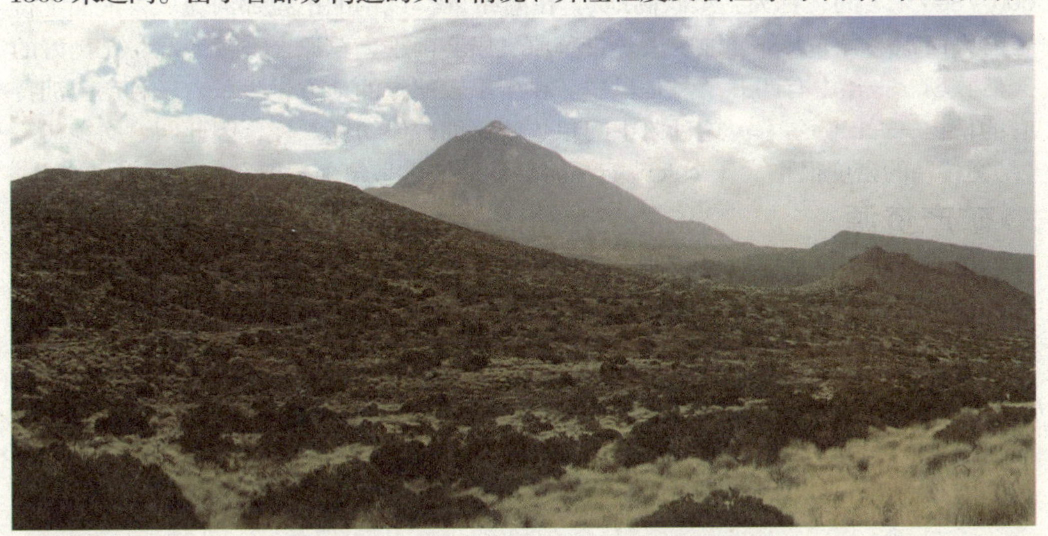

上具有明显差异。圣弗兰西斯科河以东属大西洋地盾，曾经受元古代的褶皱运动及新近纪的断裂上升作用。经过长期的侵蚀和准平原化过程，形成了现在的波状起伏高原。在岩性特别坚硬的石英岩、片岩等露出的地段，表现为脊状山岭或断块山。圣弗兰西斯科河东侧的爱斯宾哈索山是较典型的脊状山岭，大西洋沿岸的曼提凯腊山和马尔山则是断块山的代表。托坎斯廷河与马代腊河之间属巴西地盾，为广阔的高原地貌。该区中东部的戈亚斯高原，大面积裸露着古老的结晶岩，表现为波状起伏的上升准平原；中西部是具有桌状高地特征的马托格罗索高原，地上覆盖着几乎呈水平的白垩纪砂岩。巴西高原的中部，在构造上为陆台的凹陷地带，其后期沉积

由于层次平展、岩性坚硬，在地形上均具有桌状高地或方山特征；巴拉那谷地的辉绿岩高原，是世界上面积最大的熔岩高原之一。由于其近期上升的缘故，巴西高原边缘普遍形成缓急不等的崖坡，河流流经其间多陡落成为瀑布或急流，并将崖坡切割成峡谷。巴西高原的森林与草原分布较多，同时还有矿藏、水力等丰富的资源。

巴西高原地势南高北低，山岳、地岗、高台地之间起伏平缓，大多在海拔600～800米之间，称为“桌状高地”。在南纬20° 以南的巴拉那河流域，地面上覆盖着大面积熔岩。大部分地区属热带草原气候。雨季，草原上一片葱绿，是良好的天然牧场。一年中有四五个月是旱季。在干旱较严重的地方，生长着一种南美洲特有的植物——巴萨尔木。这种树中间粗、两头细，像纺锤一样，因此叫“纺锤树”。“纺锤树”的密度很小，一个人就能轻而易举地把它举起来，但有很好的耐旱能力。

◎矿产资源

巴西高原不仅是巴西农牧业的重要基地，铁、锰、金刚石等矿藏也很丰富。这里的伊塔比拉铁矿，是世界著名的优质大铁矿。

◎气候类型

巴西高原分布最广的气候是热带草原气候，其次是热带雨林气候，分布最小的是亚热带湿润气候。

第06章 大洋洲

大洋洲即澳洲，狭义上其范围仅指太平洋的波利尼西亚、密克罗尼西亚和美拉尼西亚这三大岛群。广义上，除这三大岛群外，还包括澳大利亚、新西兰和新几内亚岛等在内的共约 1 万多个岛屿。大洋洲的陆地总面积约 897 万平方千米，占世界陆地总面积的 6%，是七大洲中最小的一个洲。大洋洲的地形以岛屿居多，人口较少，是除南极洲外人口最少的一个洲，但海洋交通便利，经济较为发达。

地理概述

大洋洲的地形分为三种地形区，分别为东部山地、西部高原、中部平原。东部山地以大分水岭纵贯南北，海拔约 800~1000 米，东坡较陡，西坡平缓。西部高原是一片面积较大且又略低矮的高原，高原面积约占全国面积的 1/2 以上，沙漠和半沙漠面积很大。中部平原的海拔在 200 米以下，最低处是埃尔湖。地面河流很少，但地下水资源丰富，是世界著名的大片流盆地。

◎位置

大洋洲介于亚洲与南极洲之间，位于太平洋西南部和南部的广大海域中。它西邻印度洋，东临太平洋，并与南北美洲遥遥相对。其狭义的范围是指东部的波利尼西亚、中部的密克罗尼西亚和西部的美拉尼西亚三大岛群。广义的范围除上述三大岛群外，还包括澳大利亚、新西兰和新几内亚岛（伊里安岛）等。大洋洲是亚非与南、北美洲船舶、飞机的往来的中转站，也是其所需淡水、燃料和食物等的最主要的供应站，它还是海底电缆的交汇处，在交通和战略上的地位非常重要。

◎地形地貌

大洋洲中有 1 万多个大大小小的岛屿，是岛屿最多的大洲。其大陆海岸线长约 19000 千米。全洲除少数山地海拔超过 2000 米外，一般海拔均在 600 米以下，地势低缓。整个大洋洲地形一般分为大陆和岛屿两部分。澳大利亚大陆西部高原海拔 200 ~ 600 米，大部分为沙漠和半沙漠，也有一些海拔 1000 米以上的山脉；中部平原海拔在 200 米以下；东部山地海拔为 800 ~ 1000 米，东坡较陡，西坡缓斜。新几内亚岛及新西兰的北岛、南岛是大陆岛。大洋洲平原狭小，多海拔 2000 米以上的高山。大洋洲最高点就在此处，就是新几内亚岛上的查亚峰，海拔高达 5029 米。

美拉尼西亚各列岛之间有深海盆和深海沟，其岛屿多为大陆型。波利尼西亚和密克罗尼西亚绝大部分岛屿属珊瑚礁型，面积小，地势低平。此外，大洋洲还有少量由海底火山喷发物堆积而成的火山岛，如夏威夷群岛、帕劳群岛、所罗门群岛、新赫布里底群岛等，地形特点是山岭高峻，多天然的优良海港。在大洋洲有 14 个独立国家，其他地区尚在美、英、法等国的管辖之下。大洋洲在地理上划分为 6 个区，分别为：澳大利亚、新西兰、新几内亚、美拉尼西亚、密克罗尼西亚和波利尼西亚。

自然环境及自然资源

◎自然环境

大洋洲海岸线全长约为19000千米，岛屿面积约为133万平方千米，其中新几内亚岛为最大，为世界第二大岛。它的地形分为大陆和岛屿两部分：澳大利亚大陆西部为高原，海拔200~500米，也有一些海拔1000~1200米的横断山脉，大部分为沙漠和半沙漠；大陆中部为平原，海拔在200米以下，北艾尔湖湖面在海平面以下16米，为大洋洲的最低点；大陆东部为山地，一般海拔800~1000米，东坡较陡，西坡缓斜。其中位于新几内亚岛境内的查亚峰为太平洋的最高点，海拔为5030米。

新几内亚岛、新西兰的北岛和南岛是大陆岛，岛上高山较多，平原非常狭小，山脉海拔一般在2000米以上。澳大利亚东部和北部沿海岛屿是太平洋西岸火山带的组成部分。大洋洲有活火山60多座（不包括海底火山）。夏威夷岛上有几座独特而世界闻名的火山，其中冒纳罗亚火山海拔4170米，是大洋洲中最高的活火山，最近一次爆发是在1950年。这一地带也是世界上地震频繁和强烈地震多发的地带。外流区域约占大洋洲总面积的48%。墨累河是外流区域中最长和流域面积最大的河流。内流区域（包括无流区）约占大洋洲总面积的52%，均分布在澳大利亚中部及西部地区，主要的内流河都注入北艾尔湖。另外，大洋洲的瀑布和湖泊非常少，其中北艾尔湖是大洋洲最大的湖泊，面积约为8200平方千米，最深的湖泊则是位于新西兰南岛西南端的蒂阿瑙湖，深达276米。

大洋洲大部分处于南北回归线之间，其中绝大部分属于热带和亚热带地区，除澳大利亚的内陆地区属于大陆性气候以外，剩余地区都属于海洋性气候。澳大利亚昆士兰州的克朗克里最高气温达摄氏53度，是大洋洲最热的地方。澳大利亚中部和西部沙漠地区气候干旱，年平均降水量不足250毫米，是大洋洲降水量最少的地区。夏威夷的考爱岛东北部年平均降水量高达12000多毫米，是世界上降水量最多的地区之一。另外，新几内亚岛和美拉尼西亚、密克罗尼西亚、波利尼西亚三大岛群属也是多雨地区，仅迎风坡全年降水量就可达到2000毫米以上。由于所处气候区域的影响，使大洋洲的大部分地区都有充沛的降水量。

除了以上地区外，其他地区降水量也很充沛。在美拉尼西亚北部、新几内亚岛北部及马绍尔群岛南部每年的平均降水量可达3000~5000毫米，背风坡仅1000毫米左右；澳大利亚北部和新几内亚岛东南沿海属暖季降水区，年平均降水量750~2000毫米，暖季降水量约占全年降水量的50%~80%；澳大利亚东南部及新西兰属各月降水较均匀但冬季降水稍多的温带降水区，年平均降水量为500~1000毫

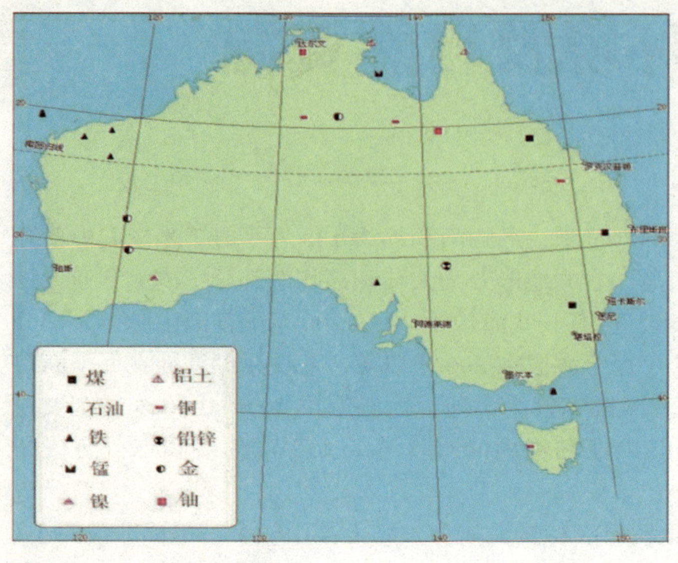

澳大利亚主要资源分布图

米；澳大利亚南部和西南沿海属地中海式冬季降水区，冬季降水量约占全年降水量的40%～60%。澳大利亚东部和新西兰1～4月受台风影响，波利尼西亚的中部和密克罗尼西亚的加罗林群岛附近是“畏来风”（即台风）的发源地，在澳大利亚东南部，冬季受极地吹来的“南寒风”的影响，气温降低至10℃以下。

◎自然资源

大洋洲有丰富的自然资源。主要矿藏是镍、铝土矿、金、铬、磷酸盐、铁、银、铅、锌、煤、石油、天然气、铀、钛等，镍储量约4600万吨，居世界首位。各岛上还有着大量的鸟粪。大洋洲的森林面积约7600万公顷，占大洋洲总面积的9%，占世界森林面积的2%。出产松树、山毛榉、棕榈树、桉树、杉树、白檀木和红木等多种珍贵木材。草原面积占大洋洲总面积的50%以上，占世界草原总面积的16%。水力资源蕴藏量约为1.35亿千瓦，占世界水力资源总蕴藏量的4.9%；已开发水力资源280万千瓦，占世界总开发量的1.8%。年发电量可达2000亿度，约占世界可开发水力资源的2%。在美拉尼西亚附近海域、澳大利亚东南沿海及新西兰附近海域为主要渔场，盛产沙丁鱼、鳕鱼、鳗鱼、鲭鱼和鲸等。这些丰富的自然资源给在大洋洲居住的人们带来了广大的经济来源。

居民及经济概况

大洋洲约有2400万人口，其人口仅占世界人口总数的0.5%，人口密度平均每平方千米不足3人，是世界上人口最少、密度最低的一个洲。但其经济却比较发达，无论在农业上还是工业上都有不错的成绩。

◎居民

大洋洲是除了南极洲以外人口最少一个洲，全洲居民只占世界总人口的0.5%。其城市人口占该洲总人口的60%以上，是各洲中城市人口比重最大的一个洲。70%以上的居民是欧洲移民的后裔；当地居民约占该洲总人口的20%，主要是美拉尼西亚人、密克罗尼西亚人、巴布亚人、波利尼西亚人；印度人约占该洲总人口的1%；此外还有混血人、华裔、华侨以及日本人等。绝大部分居民信仰基督教，少数信仰天主教，印度人多信仰印度教。大洋洲汇集了太平洋三大岛群上的居民，使用美拉尼西亚语、密克罗尼西亚语和波利尼西亚语，大部分居民都以英语进行沟通。

◎经济

大洋洲的经济主要以农业和工业为主，另外畜牧业也非常发达。在农业方面，盛产供出口的椰子、甘蔗、菠萝、天然橡胶等，主要粮食作物有小麦、薯类、玉米、稻子等，大多数国家和地区的粮食生产不能自给。不过，大洋洲的各国经济发展水平也有着明显的差异，其中澳大利亚和新西兰两国经济最为发达，其他岛国多为农业国，经济较为落后。畜牧业以养羊为主，绵羊头数占世界绵羊总头数的20%左右，羊毛产量占世界羊毛总产量的40%左右。另外，在工业方面主要以采矿和农畜产品加工为主。

我们知道，大洋洲经济比较发达的地区主要集中在澳大利亚与新西兰。它们主要有采矿、钢铁、有色金属冶炼、机械制造、化学、建筑材料、纺织等部门。大洋洲各国的工业多分布在各自的首都或首府，一般比较落后，仅以采矿及农、林、畜产品加工为主，多为外资控制，产品多供出口。另外，大洋洲的旅游业也比较发达，其中，旅游业的收入成为了国民经济的重要组成部分。

◎交通

大洋洲介于亚洲和南、北美洲之间，遥对南极洲。许多国际海底电缆均通过这里，海洋航运成为国与国、岛与岛之间相互交往的重要手段，陆上交通主要依靠铁路和公路。大洋洲的公路总长100万千米以上，铁路总长46000多千米，内河航运里程约1000千米。有航线通达大洋洲各国和重要地区的首都和首府，同世界各大重要港口城市也均有联系。总之，大洋洲是连系各大洲的中间桥梁。

澳大利亚

澳大利亚的国土面积为760万平方千米，在世界中排名第六。它是世界最大的岛，同时也是世界最小的洲。在世界各大陆中地势最低，平均海拔不到330米。它是世界上唯一一个独占整个大陆的国家,也是大洋洲中最大的国家。澳大利亚东南邻近新西兰，西北邻近印度尼西亚，北边靠近巴布亚新几内亚、西巴布亚和东帝汶。澳大利亚的人口为1789万人，主要集中在东海岸和塔斯马尼亚一带，城市人口约占70%。

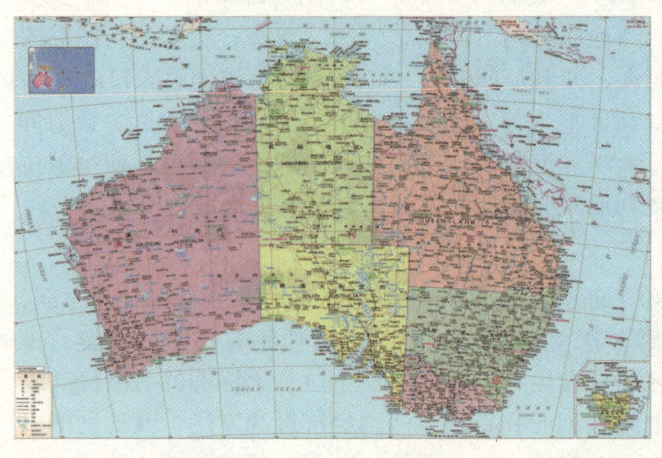

◎地理气候

澳大利亚位于南半球，其土地面积仅次于俄罗斯、加拿大、中国、美国和巴西，在世界土地面积中排名第六。它东临太平洋，西临印度洋，海岸线长达37000千米。它是世界上唯一一个独占一个大洲的国家。澳大利亚的西部和中部的地形为崎岖的多石地带、浩瀚的沙漠和葱郁的平顶山峦，东部有连绵的高原，在靠海处是狭窄的海滩缓坡，缓斜向西，渐成平原。沿海地区到处是宽阔的沙滩和葱翠的植被，那里的地形千姿百态：在悉尼市西面有蓝山山脉的悬崖峭壁；在布里斯本北面有葛拉思豪斯山脉，高大、优美而饱经侵蚀的火山颈；而在阿德雷德市西面的南海岸则是一片平坦的原野。澳大利亚的地形姿态万千，非常有特色。

澳大利亚最长的两条河流为墨累河和达令河。这两个河流系统形成墨累－达令盆地，面积约100多万平方千米，相当于大陆总面积的14%。艾尔湖是靠近大陆中心一个极大的盐湖，面积超过9000平方千米，但长期呈干涸状态。

澳大利亚大陆是世界上最平坦而又最干燥的大陆。其中部洼地及西部高原均为气候干燥的沙漠，能用作畜牧及耕种的土地只有26万平方千米。沿海地带，特别是东南沿海地带适于居住与耕种。这里丘陵起伏，水源丰富，土地肥沃。除南海岸外，整个沿海地带形成了一条环绕大陆的“绿带”，正是这条“绿带”养育了这个国家。

由于澳大利亚属于干旱和半干旱地带，每年的平均降水量为465毫米，但它的分布极为不均。最干旱的地区是艾尔湖流域盆地，平均年降水量不足125毫米。最湿润的地方是东北热带地区和塔斯曼尼亚洲西南的地带。澳大利亚沿海水量充足、土地肥沃，大部分人都居住在沿海一带。澳大利亚各地的气候都不相同。大陆北部地区是湿润的热带气候，东部中央地区和西部沿海有温暖而不太炎热的气候条件，而大陆南海岸和塔斯马尼亚洲则较凉爽。但整体而言，澳大利亚的各地都会经历温暖的夏季和不太寒冷的冬季。

◎经济概况

澳大利亚是经济非常发达的资本主义国家。2005年国内生产总值(GDP)在全球排名第14位,在经济合作与发展组织(OECD)国家排名中列第11位。澳洲农牧业发达,自然资源丰富,有“骑在羊背上的国家”和“坐在矿车上的国家”之称,澳大利亚长期靠出口农产品和矿产资源赚取大量收入,盛产羊、牛、小麦和蔗糖,同时也是世界重要的矿产资源生产国和出口国。农牧业、采矿业为澳大利亚传统的产业。

另外，澳大利亚的高科技产业发展的也非常快，自1970年以来，澳大利亚经济经历了重大的结构性调整，旅游业和服务业迅速发展，所占国内生产总值的比重也逐渐增加，目前已达到70%左右，在国际市场上的竞争力也不断提高。澳大利亚的工业以矿业、制造业和建筑业为主。2004~2005财年矿业产值为340.42亿澳元，占国内生产总值的4.1%。制造业产值为883.24亿澳元，占国内生产总值的10.6%。建筑业产值为537.12亿澳元，占国内生产总值的6.5%。其农牧业也很发达，其农牧业产品的生产和出口在国民经济中占有重要位置，是世界上最大的羊毛和牛肉出口国。2004~2005年度，农牧业产值达231.68亿澳元，占国内生产总值的2.8%，农牧业用地4.4亿公顷，占全国土地总面积的57%。2004年农牧业就业人数34.6万人。其主要农作物有小麦、大麦、油籽、棉花、蔗糖和水果等。

另外，服务业也是澳大利亚发展最快的部门。在2004~2005年度，其服务业产值为5954.46亿澳元，占澳大利亚国内生产总值的65.3%，就业人数699万人，占全国就业人数的74%。服务业在澳大利亚有着重要的地位。

◎自然资源

澳大利亚的矿产资源、石油和天然气蕴藏量都很丰富，矿产资源至少有70余种。其中，铝土矿储量居世界首位。澳是世界上最大的铝土、氧化铝、钻石、铅、钽生产国，黄金、铁矿石、煤、锂、锰矿石、镍、银、铀、锌等的产量也居世界前列。同时，澳大利亚还是世界上最大的烟煤、铝土、铅、钻石、锌及精矿出口国，世界第二大氧化铝、铁矿石、铀矿出口

澳大利亚的袋鼠

国，世界第三大铝和黄金出口国。已探明的有经济开采价值的矿产蕴藏量：铝矾土约 31 亿吨，铁矿砂 153 亿吨，烟煤 5110 亿吨，褐煤 4110 亿吨，铅 1720 万吨，镍 900 万吨，锌 3400 万吨，铀 61 万吨，银 40600 吨，钽 18000 吨，黄金 4404 吨。澳大利亚原油储量 2.4 亿升，天然气储量 13600 亿立方米，液化石油气储量 1.74 亿立方米。森林覆盖面积占国土总面积的 20%，天然森林面积约 1.55 亿公顷（2/3 为桉树），用材林面积 122 万公顷。澳大利亚渔业资源丰富，捕鱼区面积比国土面积还多 16%，是世界上第三大捕鱼区，有 3000 多种鱼类以及 3000 多种甲壳及软体类水产品，其中已进行商业性捕捞的约有 600 种。澳大利亚最主要的水产品有对虾、龙虾、鲍鱼、金枪鱼、扇贝、牡蛎等。另外在澳大利亚还有一种特有树熊（考拉）。正是这些自然资源为澳大利亚带来了巨大的财富。

◎旅游业

旅游业也是澳大利亚发展的极快的一种产业。2002 ~ 2003 年度，其旅游业产值达 320 亿澳元，占国内生产总值的 4.2%。近 10 年来，到澳大利亚旅游的海外游客人数总体呈上升趋势，但仍只占澳大利亚旅游业产值的 1/4 左右，国内游客仍是旅游业的主导。2003 年，澳大利亚接待海外游客 474.59 万人次，收入 167 亿澳元，约占澳大利亚出口收入的 11%。澳大利亚的旅游资源丰富，著名的旅游城市和景点有悉尼、墨尔本、布里斯班、阿德雷德、珀斯、大堡礁、澳大利亚黄金海岸和达尔文市等。另外澳大利亚的特产有澳宝（宝石）、羊皮、牛皮、绵羊油、葡萄酒（红葡萄酒和白葡萄酒）、动物玩具、原住民艺术作品、艺术画作等。在澳大利亚的各类商店一般都会接受国际重要的信用卡消费。

◎风土人情

澳大利亚人的爱好非常广泛，在体育运动上就表现出了很多。冲浪、帆板、赛马、钓鱼、地滚球、橄榄球、游泳等都为广大人喜爱。澳大利亚的土著人（也称原住民），仍然保留着自己的风俗习惯。他们以狩猎为生，“飞去来器”（回旋镖）是他们独特的狩猎武器。他们中的很多人仍居住在用树枝和泥土搭成的窝棚里，围一块布或用袋鼠皮蔽体，并喜欢纹身或在身上涂抹各种颜色。平时只会在颊、肩和胸部涂上一些黄白颜色，如果遇到节庆仪式或节日歌舞时他们就会全身彩绘。充分显示了他们的个性。

新西兰

新西兰是太平洋西南部的一个岛国。其面积约26.9万平方千米，首都为惠灵顿，最大的城市是奥克兰。新西兰向有“长白云之乡”的美誉。

◎地理概述

新西兰属于大洋洲，位于太平洋南部，澳大利亚东南方约1600千米处，介于南极洲和赤道之间，西隔塔斯曼海与澳大利亚相望，北邻新喀里多尼亚、汤加、斐济，在南纬34°～47°之间，风景宜人，向有“长白云之乡”的美誉。新西兰由北岛、南岛、斯图尔特岛及其附近一些小岛组成，面积约26.9万平方千米，专属经济区120万平方千米，海岸线长为6900千米。

新西兰的水力资源非常丰富，全国80%的电力来源为水力发电。新西兰北岛多火山和温泉，南岛多冰河与湖泊。北岛第一峰鲁阿佩胡火山高2797米，火山上有新西兰最大的湖泊陶波湖，面积616平方千米。南岛横跨南纬40°～47°，岛上有全国第一高峰库克山。阿尔卑斯山中的弗朗茨·约瑟夫冰川和福克斯冰川，是世界上海拔最低的冰川。阿尔卑斯山外有一系列冰川湖，其中特阿脑湖面积342平方千米，是新西兰第二大湖。苏瑟兰瀑布落差达580米，居世界前列。新西兰的生态环境非常好，是旅游观光的好去处。

◎气候

新西兰属于温带海洋性气候，全年温差不大，而它的季节与北半球的刚好相反。新西兰的12月至翌年2月为夏天，6月至8月为冬天。夏季平均气温25℃，冬季平均气温10℃，全年温差一般不超过15℃。全年平均降雨量为400～1200毫米。

◎环境

新西兰除了有独特的动植物外，它多变的地形与自然景观也是非常值得一看的。新西兰约在1亿年前与大陆分离，从而使许多原始的动植物得以在孤立的环境中存活和演化。新西兰从冈瓦纳古陆分离之后，这些原始的物种便在这块独立的土地上演化和繁衍，自从人类开始在新西兰定居以来，

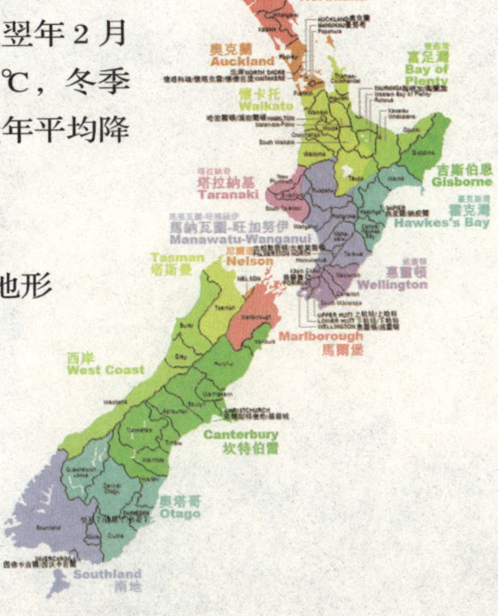

短短1000多年的时间已经使许多原生物种消失。不过，近年来当地政府加大了自然保护的力度，已经使情况有了很大的改善。另外，对于临濒灭绝的动物和珍稀动物的研究与管理的计划已经开始执行，大大改善了动植物的生存环境。

◎植物

虽然经过了人类1000多年的砍伐，但新西兰的国土面积中仍有1/4是茂密的森林，不过大部分位于高原地区。这些地区大都属于国家公园和森林公园，禁止开发。新西兰的森林为温和、常绿的雨林,其中有巨大的树蕨、藤类和附生植物。巨大的贝壳杉是世界上最大的植物之一，目前生长在相对较狭小的北岛凹地与科罗曼德尔半岛。

◎动物

在新西兰的土地上，有着很多罕见的鸟类，新西兰就像是罕见鸟类的天堂。其中最著名的是不会飞的奇异鸟——新西兰的非正式国家标志。其他不会飞的鸟还有威卡秧鸡以及濒临灭绝的鸮鹦鹉。鸮鹦鹉是全世界最大的鹦鹉，它只能爬到低矮的灌木或较矮小的树上。另外，还有一种奇特的鸟类，这种鸟它的好奇心很强，人们称它为“啄羊鹦鹉”。这种鹦鹉会飞，而且非常大胆且不怕人类。在人类踏上这里之前，这里的森林是鸟儿的天堂。

◎人口

新西兰的人口为428万人，2008时在全世界排名第122位。其人口密度为15.229人/平方千米，在全世界排第204名。北岛的人口为310多万人，占新西兰总人口数的75%，南岛人口为11万人。在新西兰人口中，欧洲移民后裔占78.8%，毛利人占14.5%，亚裔占6.7%。奥克兰区的人口占全国总人口的30.7%。首都惠灵顿区的人口约占全国总人口的11%。奥克兰、惠灵顿、基督城是新西兰人口最多的3个城市。毛利族是人口最多的少数民族。新西兰是世界上城市化程度最高的国家之一，70%的居民信奉基督新教和天主教。

大洋洲的最低点和最高点

我们知道，大洋洲的地形特征非常复杂，有平原、有高原，也有山地。那大洋洲的最高点和最低点究竟是哪里呢？大洋洲的最低点为北艾尔湖，也是大洋洲内最大的湖泊，而最高点是位于新几内亚岛的查亚峰。

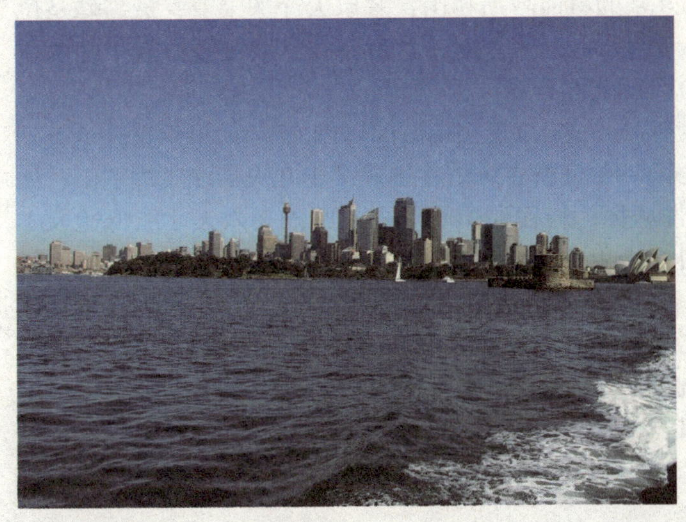

北艾尔湖

◎北艾尔湖

北艾尔湖是大洋洲最大的湖泊，它位于澳大利亚境内南部大盆地（大自流盆地）内。其面积约8200平方千米，湖区轮廓随着降水而变化。北艾尔湖湖面在海平面以下16米，为大洋洲最低点。

◎查亚峰

查亚峰为大洋洲的最高点，它位于新几内亚岛内，又称为“普鲁峰”。印度尼西亚语作PuncakJaya，旧称苏卡诺峰、卡斯藤士峰。查亚峰为印尼巴布亚省内的山峰，是新几内亚岛最高峰，海拔5030米，峰顶终年被冰雪覆盖。属于苏迪曼山脉，在新几内亚岛的中央高原西部。其中，恩加巴鲁峰是西南太平洋的最高峰，也是世界岛屿的最高点。最早抵达查亚峰雪原的为荷兰人洛伦兹，时间是在1909年。在1962年，一支探险队成功的登上峰顶，率领这支队伍的是奥地利的登山者海因利希·哈莱。

◎查亚峰的形成与演化

查亚峰为大洋洲的最高点，而它的的形成与澳大利亚大陆北部被动边缘俯冲碰撞到Melanesian岛弧之下有关。长久以来，查亚峰岩石隆升幅度为7000米，隆升速率为2.5毫米/年，其剥蚀速率为0.7毫米/年。据查亚峰南坡碳12测年得出，在之后的一段时间内岩石隆升幅度为6500米，隆升速度为2.88毫米/年，剥蚀速率为1.7毫米/年，可能是前寒武纪的绿片岩分布区，剥蚀速率更快，已剥蚀深度达9千米，是全岛剥露最深的地区。正是这样强烈的切割和剥蚀，才使得查亚峰成为了太洋洲的最高峰。

◎查亚峰与登山活动

许多登山爱好者一直将攀登七大洲最高峰作为目标，但是在对七大洲各自的认识上有差异，因此七大洲最高峰也出现了很多个不同的版本，不过国际攀登界对完成任何一个版本攀登的登山者都予以承认。不过最大的争议是，第七大洲是以澳洲还是大洋洲来界定的？由于查亚峰在地质构造上与澳大利亚大陆非常接近，甚至有一个大陆架相连接，况且，新几内亚比新西兰更靠近澳大利亚，根据很多地理学家的见解，它应该属于澳大利亚大陆，这一矛盾是由于大洋洲的提法早于澳洲。若以澳洲来看，最高峰是海拔 2228 米的科西阿斯科山；若以大洋洲来看，最高峰是位于巴布亚新几内亚的查亚峰，海拔 5029 米。对于这些争议，登山爱好者干脆两座山都登，最终实现七大洲最高峰的攀登目标。

攀登查亚峰其实就是一次探险，进山的途中就有很多阻碍。如果乘直升机飞到大本营，会受到气候的严重影响。曾经就有队伍在等候了十几天后才飞进了山；如果从北面徒步进山，穿过热带丛林，行程约 100 千米，则需要六天才能抵达大本营，行动难度大，要抵御各种热带虫兽和疾病的袭击；另外还有一条路就是借道矿区，从南侧的 Timika 小镇驱车 105 千米抵达矿区末端的 Zebra Wall，然后徒步抵达大本营。然而是不允许旅游者和登山者进入矿区深处或从矿区通过的，要想从这里通过，就必须利用黑夜偷偷地进入。到目前为止，全球只有 40 多名登山者完成攀登七大洲的最高峰，我国登山家王石、曹峻、吕钟凌、梁群在 2006 年 12 月 24 日早上 8：00 登上了查亚峰的峰顶。

查亚峰雪原

夏威夷群岛

夏威夷群岛是波利尼西亚群岛中面积最大的岛群，位于太平洋的中部，属于二级群岛。夏威夷岛群共有132个岛屿，总面积为16650平方千米。不过，在众多的岛屿中也只有8个较大的岛有人居住。在1778~1898年间，夏威夷群岛曾被称为“三明治群岛”。

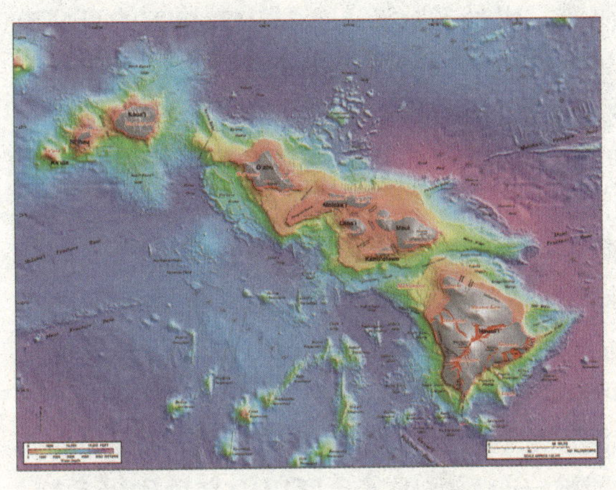

◎地理资源

夏威夷群岛位于太平洋中央，是由火山形成的多个岛屿群。主要由8个大岛和124个小岛以及环绕在各岛附近的礁岩、尖塔所组成。

夏威夷群岛雨水非常充沛，群岛中的许多丘陵和山地被森林和草地所覆盖，自然景色非常优美。夏威夷群岛的岛花是红色的芙蓉花，一年四季在夏威夷群岛上都能看到盛开的鲜花。由于这里的各种植物和花卉都非常繁茂，因此这里的昆虫也是最多的，仅蝴蝶就有成千上万种，而且有些品种是夏威夷群岛上所特有的。有一种蝴蝶叫“绿色人面兽身蝶”，是一种世界罕见的大蝴蝶，它的翅膀展开时长达10厘米。因此总是吸引着大量的昆虫爱好者和研究人员。

◎当地特色

世界各地都有自己独特的特色，夏威夷群岛也不例外。在夏威夷，最令人熟悉应该是草裙舞。关于夏威夷的草裙舞还有一个美丽的传说。传说中，第一个跳草裙舞的是舞神拉卡。她跳着草裙舞欢迎她的火神姐姐佩莱。佩莱非常喜欢这种舞蹈，就用火焰点亮了整个天空。自此，草裙舞就成为向神表达敬意的宗教舞蹈。现在，它已经变成用尤克里里琴伴奏的娱乐性舞蹈，观赏草裙舞成了游客游览夏威夷的保留节目。草裙舞是一种全身的舞蹈，尤其手部动作含义深刻，通过不同的手势表现出人们对各种美好事物的期冀，如祈求丰收、渴望和平等等。在这里，无论男女都跳草裙舞。

夏威夷的特色还有夏威夷衫、阿罗哈和“卢奥”。夏威夷人无论在任何场合或时间，都穿着一套以夏威夷布裁制而成的夏威夷衫。夏威夷衫裁剪得极简单，色调却鲜艳浓郁，配合着夏威夷亮丽热烈的海岛风光，显得舒适应景。男人穿的叫阿罗哈衫，女性的花衫有长短之分，白天穿的略短，叫“慕”，晚上穿的长衫叫“慕慕”。以衣服的长短来为其命名，也算是当地人的一大特色了。

“卢奥”是盛大的波利尼西亚节日聚会，可以在一年中的任何一天举行。每次“卢奥”上都有一些波利尼西亚的特色佳肴，主菜总是一只卡卢阿烤猪。与烤猪一起搭配食用的菜肴一般是香蕉、菠萝、甜薯、椰汁布丁，也有鸡肉、牛肉和鱼，还有各种各样的热带水果。只有进行过波利尼西亚歌舞表演之后，宴会才算结束。不同的宴会会有不同的节目，但是男女一起跳草裙舞是绝对不能少的。

◎主要景点

威基基海滩大概是世界上最出名的海滩，也是多数游人心目中最典型的夏威夷海滩。海滩区东起钻石山下的卡皮欧尼拉公园，西至阿拉威游艇码头，长达一英里，最美丽的是从丽晶饭店到亚斯顿威基基海滨饭店之间的一段，长度约三四百米。这里有细致洁白的沙滩、摇曳多姿的椰子树以及林立的高楼大厦，海水宁静开阔，是假日休闲的理想之地。

在威基基海滩上还有一个最明显的标志——钻石头山，它是一座死火山。“钻石头山”的名字据说是19世纪初英国水手所取的，因为他们把这里的方解石结晶误认为是钻石。而且在山顶可以观赏到全火奴鲁鲁市的风景，此处的日落美景也是令人难忘的。喜欢旅游的朋友不妨去游玩一番。

另外，在威基基海滩还有一个恐龙湾。它位于欧胡岛的东南边。“Hanauma”是弯曲的意思，由于整个海湾的形状如同被一只巨龙围着，所以中文称作恐龙湾。这里有着许多的珊瑚礁和热带鱼，是潜水赏鱼的最佳去处。珍珠港位于火奴鲁鲁的西侧，与威基基海滩遥遥相对。夏威夷的景色优美，而且景点众多，一直都是人们梦想的旅游胜地。

第07章 南极洲

在七个大洲中，南极洲是人类到达及开发最晚的一块大陆，也叫“第七大陆”。南极洲位于地球的最南端，是最寒冷的一个洲。其范围几乎都在南极圈内，四周濒临太平洋、印度洋和大西洋，是纬度最高和跨经度最多的一个大洲。南极洲内仅有一些来自其他大洲的科学考察人员和捕鲸队，没有长期定居的居民。

地理概述

位于南极点四周的南极洲是一片被冰雪覆盖着的大陆，其周围是星罗棋布的岛屿，面积大约有1400万平方千米。南极洲是世界第五大大陆，因为它的总面积是位于北美洲的美国和墨西哥的面积之和，两个澳洲大陆的面积才能抵得上一个看似不大的南极洲。

南极洲与南美洲的地理位置比较接近，它们中间仅隔着970千米的德雷克海峡。南极洲与各大洲的距离不一，距离澳大利亚约3500千米；距离非洲约4000千米；而距离中国北京约12000千米。南极洲是世界上海拔最高的大陆，其平均海拔约为2350米。横贯南极的山脉把南极大陆分成了无论是地理上还是地质都大不相同的两个部分，即东南极洲和西南极洲。

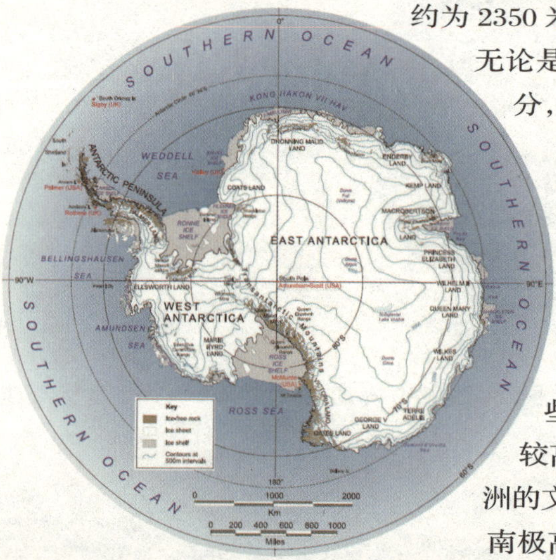

平均海拔为2500米的东南极洲是一块极为古老的大陆，大约已有几亿年的历史。而且东南极洲拥有南极大陆内最大的活火山——埃里伯斯火山，该火山海拔为3795米，有四个喷火口。西南极洲是个面积较小的群岛，其中有些小岛位于海平面以下。西南极洲北部较高的部分是因火山活动造成的。西南极洲的文森山是南极洲最高的地方。

南极高原上的比德莫尔冰川是南极洲较大的冰川，它的流域面积可以与法国的罗斯冰架相比。唐胡安池是南极洲分布众多的淡水湖池和咸水湖池中最有名的，该湖水含盐度极高，每升湖水含盐量可达270多克，即使是在–70℃的情况下，湖水也不结冰。而南极洲的万达湖、邦尼湖是表面结冰，但是湖底高温高盐的湖。这种湖的湖底含盐量最高，往往高出海水10倍，它的表面会结厚厚的冰，但是冰下的湖水却相当的清澈，而且还有极为少见的浮游生物。

◎冰障

在众多的同纬度地区中，南极可以说是最冷的地方。科学家在南半球的同纬度海岸地区测得最冷月份的平均温度是–18℃，而在南极点同月份的平均温度则为–62℃，相差了40多℃，可见南极的严寒。而这还不算最低温度，因为南极洲曾创下过–89.2℃的世界最低自然温度的记录。南极洲的风力因地而异，但是平均风速可达到 17 ~ 18 米 / 秒，一般海岸附近的风势最强，风速最高可达 40 ~ 50 米 / 秒，这里每年有 2/3 的时间风力都可以达到 8 级以上。而人们在观测站曾观测到风速达 100 米 / 秒的罕见飓风，而它的风力也已经不是 12 级台风那么简单了，它的风力可以达到一般台风的 3 倍以上，这也是人类所知的世界上最大的风速。

世界上最冷的地方是南极洲，最干燥的地方也是南极洲，因为它每年的平均降水量仅有 30 ~ 50 毫米。其中降水相对较多的沿海地带的平均降水量也不过只是 200 ~ 500 毫米，而降水最少的南极点附近只有 3 毫米，看来降水量的多少是随着与南极点的距离远近而呈阶梯状增减的。

◎自然环境

四周临海的南极洲大陆海岸线极长，约有 24700 千米。南极洲有很多的边缘海，如别林斯高晋海、罗斯海、阿蒙森海、威德尔海等，前三者属于南太平洋，而最后一个属于南大西洋。南极洲的主要岛屿有布韦岛、奥克兰群岛、南奥克尼群岛、亚历山大岛、南乔治亚岛、爱德华王子群岛、南桑威奇群岛等。从天空往下看，各类边缘海和岛屿齐聚一堂，煞是热闹。

被横贯南极洲的山脉分离出来的东南极洲，面积较大，有着古老的地盾和准平原。而西南极洲是由山地、高原和盆地组成的，面积较小。东西两部分之间有一沉陷地带，从罗斯海一直延伸到威德尔海。大陆周围的海洋上有许多高大的冰障和冰山。南极洲仅 2%的土地无终年冰雪覆盖，是动植物主要生息之地，被称为南极冰原的“绿洲”。“绿洲”上有高峰、悬崖、湖泊和火山。欺骗岛上的欺骗岛火山和罗斯岛上的埃里伯斯火山，是南极洲上的两座活火山。1969 年 2 月欺骗岛火山曾经喷发过，而当时，那里还设有科学考察站，只是在那场令人余悸的火山爆发中化为灰烬。

南极洲每年只有寒、暖两个季节，其中 4 ~ 10 月是寒季，11 月至翌年 3 月是暖季。当寒季到来之后极点附近就会出现极夜现象，这时光彩夺目的极光也会在南极圈附近出现，暖季则成了太阳总是倾斜照射的极昼。南磁极即地磁的南极，1985 年南磁极的位置约为东经 139°24′，南纬 65°36′。“难达之极”是约以南纬 82° 和东经 55° ~ 60° 为中心的高地，由于它的地势极为高峻，是大陆与冰川的分界线，所以很难到达。

自然资源

南极主要的矿产资源有煤、石油、天然气；南极的生物资源也极为丰富，海岸有大量的海豹和企鹅出现；同时南极也是世界淡水资源的重要储藏地。

◎矿物

南极洲的矿物蕴藏相当丰富，包括煤、石油、天然气、铁、锰、铜、铅、锌、金、银等在内的220多种。它们主要分布在东南极洲、南极半岛和沿海岛屿地区。

◎生物

南极洲腹地的陆地上只有极少的生物生存，但是，海洋里的海藻、珊瑚、海星和海绵却充满了生机，大海里还有许多如磷虾类的微小生物，很多南极海洋动物都以磷虾为食。

由于南极洲的气候环境相当酷寒，所以很多植物都难以生长，偶尔才能见到一些苔藓、地衣等耐寒的植物。海岸和岛屿附近经常有鸟类和海兽出没，其中鸟类以企鹅居多。南极的夏天，极具代表性的景观就是大量聚集在沿海一带的企鹅；海兽主要有海豹、海狮和海豚等。

◎水资源

如果说南极洲是世界淡水的重要储藏地，肯定会有人产生质疑，因为我们知道南极洲降水量极少，且多以降雪形式出现，所以几乎没有河川径流，是七大洲中径流最少的一个洲，怎么会是世界淡水的重要储藏地呢？但是这并不代表南极洲就是世界上淡水资源最少的一个洲。尽管南极洲的径流量很少，但由于多年积蓄，再加上温度低和蒸发弱的外界环境，所以南极除了大陆外缘之外，其他地区的冰川都很厚。大陆上形成了巨大的盾状冰盖，其体积达2400万立方千米，占全球冰川的90%以上，而它的淡水总储量占全球的72%。因此，南极洲不仅是世界上水资源最多的一个洲，也是淡水资源最多的一个洲。但是由于受近年来全球气候变暖的影响，南极洲的冰川正在变薄缩小，这无疑也会对南极洲的淡水储蓄产生影响。

南极考察

人类对南极的考察从未间断过。至 1984 年开始，我国曾先后派出 40 名科考人员分赴澳大利亚、新西兰、智利、阿根廷和日本等国的南极站参加度夏和越冬考察。国际考察活动主要是对南大洋生物系统和资源的考察。

◎国际活动

《南极条约》是在 1959 年 12 月由 12 个国家共同签订的，其主要内容是：南极洲仅用于和平目的，保证在南极地区进行科学考察的自由，促进科学考察中的国际合作，禁止在南极地区进行一切具有军事性质的活动及核爆炸和处理放射废物，冻结对南极的领土要求等。到目前为止，关于《南极条约》，现在已经有更多的国家签订，并愿意为了世界的和平健康发展共同遵守。

◎我国与南极

我国首次赴南极建站考察是在 1984 年 11 月，当时我国派出了近 600 人的南极考察队。经过几个月的艰苦奋战，1985 年 2 月中国南极长城考察站在南纬 62°12′59″，西经 58°57′52″ 的乔治王岛菲尔德斯半岛上建成，它距北京 17501.9 千米。而在随后的 1988 年 11 月，我国又开始在南极大陆拉斯曼丘陵上兴建中国南极中山考察站，并于 1989 年 4 月落成。中山站的地理坐标为南纬 69°22′24″，东经 76°22′24″，距北京 12553.2 千米，距南极点 2903 千米。2009 年 1 月，地理坐标为南纬 80°25′01″，东经 77°06′58″ 的中国昆仑考察站，在我国南极冰穹 A 建设中顺利建成。

中国南极科考队队员

南极探险与纷争

对于南极最初的探险并没有专门的记录，据有关南极的资料显示，最早到达南极的人可能是在1820年左右为了猎取海豹而来。1895年，比利时的几位探险家在冰原上度过了一个冬季。1901年，英国探险队试图前往南极，但是最后以失败告终。到达南极的第一人于1911年11月诞生，他就是挪威探险家罗德·阿蒙森。此后不久，英国的探险队又一次向南极进发，这一次他们成功地到达了南极，但令人遗憾的是，他们在归途中全部遇难。

◎对南极的领土要求

当人们发现了南极洲的极佳优势之后，就开始打起了瓜分南极洲的主意。从1908~1941年，先后有7个国家对南极洲提出了领土要求。1908年英国首先宣布包括福克兰群岛和南极半岛在内的扇形地块及其水域拥有主权；1923年英国又对罗斯扇形地区提出领土要求并委托新西兰总督管理，因为这也是新西兰所要求的那块扇形大陆。1929~1931年，英国、澳大利亚、新西兰3国联合考察队对上述地区进行了考察。接着，英国又代表澳大利亚对南极洲的其他陆地和水域提出了无理的领土要求。禁不住诱惑的法国以他们的探险者最早发现南极的阿德雷沿岸为由，于1924年也对另一块狭长地域提出领土要求，并在1938年重申无理要求的同时，又要求延伸领土的面积。1938年德国对南极洲一个特定的地点进行了闪电式的考察，并在6天半的时间内用飞机对该区域的60万平方千米的地区进行了航空调查与拍照。1939年4月挪威也声明对南极的某地域拥有主权。

◎签订合约

此后又有更多的国家加入了对南极洲领地的占有要求，到20世纪40年代，英国、法国、挪威等国已对83%的南极大陆提出了领土要求。其中澳大利亚、法国、新西兰、挪威4国互相承认各自的领土要求，阿根廷、智利、英国3国要求的领土互相重叠，所以互不承认他方的主权要求。他们的举动最终引起了当时的强国苏联和美国的关注。

1950年苏联在照会上表示不承认在没有苏联参加的情况下，任何国家以任何方式对南极提出的领土要求。美、苏都一直不承认任何国家对南极的领土要求，并保留他们自己对南极提出领土要求的权利。由于对领土要求的纷争所产生的矛盾需要在客观上制定一个多边条约以缓解各种矛盾与纷争，所以1959年12月，包括美国、苏联和其他对南极洲有领土要求的12个国家代表在美国华盛顿签署了《南极条约》，有关南极洲的领土纷争就此告一段落。

第08章

太平洋

太平洋是世界四大洋中面积最大的一个大洋，位于亚洲、南极洲、大洋洲、和南、北美洲之间。太平洋面积约为 17968 万平方千米，占世界海洋总面积的 49.8%，占地球总面积的 35%。太平洋也是四大洋中岛屿、珊瑚礁最多的一个大洋，自然资源及海洋资源丰富，海洋运输业发达，在国际海洋运输业中有着重要的地位。

概况

太平洋的面积约占地球总面积的 1/3，南北宽度为 15500 千米。太平洋最南端濒临南极洲，最北端可延伸到白令海峡，跨越的纬度达 135°，是世界上最大的海洋。太平洋的河流主要分布在中国和东南亚地区。

◎综合描述

太平洋东西最长的距离是 21300 千米，面积约为 71441 万平方千米，其中不包括海洋的面积 69618.9 万立方千米。在太平洋海域中，其平均深度为 4187.8 米，最大深度为 11034 米。

在太平洋的北端以白令海峡为界，白令海峡宽仅为 102 千米，东南部经北美洲的火地岛和南极洲的德雷克海峡与大西洋沟通；从苏门答腊岛经爪哇岛，然后至帝汶岛，再经帝汶岛至澳大利亚的伦敦德里角，再经澳大利亚南部的巴斯海峡，最后经塔斯马尼亚至南极大陆，是太平洋与印度洋的分界线。

由于太平洋特殊的地理位置和地球上主要山系的布局特点，注入太平洋中的河流水量仅占世界河流入海总水量的 1/7。

太平洋北到北极，南到南极，西到亚洲和澳洲，东到南、北美洲。如果不包括邻近的海，它的面积约为 16520 万平方千米，是世界上最大的海洋。

◎太平洋海盆的区域划分

东区：美洲科迪勒山系从北部阿拉斯加起，向南直抵火地岛，除了最北、最南段峡湾海岸的岛群以及深入大陆的加利福尼亚湾之外，海岸平直，大陆架狭窄，重要的海沟有两条：北有阿卡普尔科海沟，南有秘鲁—智利海沟。

西区：西区的亚洲部分结构复杂，海岸曲折，大陆东缘有凸出的半岛，岸边有一系列岛弧，形成众多的边缘海。从北向南有白令海、鄂霍次克海、日本海、黄海、东海和南海。岛群外缘有一系列海沟，北有堪察加海沟、千岛海沟、日本海沟；南有东加海沟、克马德克海沟等。

地壳构造最稳定的地区：太平洋地壳构造最稳定的地区是太平洋中部面积宽广的海盆，这个地区的海水深度一般都在 5000 米左右。

自然环境

太平洋是世界上岛屿最多的大洋，也是火山和地震频发的地带。因为太平洋横跨几种不同的气候带，因此太平洋的洋流分布状况也很特殊。由于气候的差异性比较大，所以形成了不同的风带。

◎岛屿

太平洋的岛屿非常多，占世界岛屿总数的45%。在太平洋上，大大小小的岛屿有2万个，面积约达到了440万平方千米。太平洋的岛屿按照成因可划分为大陆岛和海洋岛，大陆岛又可以划分为火山岛和珊瑚岛。

太平洋的岛屿大多分布在南北回归线之间，属于热带雨林气候或者是热带草原气候。终年高温多雨，年平均气温在25～28℃之间，年较差一般不会超过5℃。年降水量也比较大，一般为2000～3000毫米，有的地方会超过4000毫米。西部地区由于受到大陆的影响，季风气候显著。

在太平洋海域，除了新西兰的南、北二岛之外，大部分岛屿位于太平洋的中部。太平洋的岛屿有一个特点，就是群岛套着群岛。太平洋的岛屿中，最大的岛屿就是新几内亚岛，面积为78.5万平方千米，仅次于格陵兰岛，是世界第二大岛。太平洋岛屿的人口总数为580万人，占到了大洋总人口数的23.3%。太平洋的三大群岛：西南部赤道以南，180° 经线以西的美拉尼西亚岛，是自西北向东南延伸的；西北部赤道以北，180° 经线以西的密克罗尼西亚岛，是自西向东延伸的；位于180°

经线以东，南北纬 30° 之间的波利尼西亚是自西北向东南方向延伸的。这三大岛屿处在亚洲、大洋洲和北美洲之间，又联系着各个大洋。在国际的交通运输方面，太平洋占有着重要的地位。

◎海底地形

太平洋海域的海底地形可以分为中部深水区域、边缘浅水区域和大陆架三部分。大致在 2000 米以下的深海盆地约占总面积的 87%，200 ~ 2000 米之间的边缘部分约占 7.4%，200 米以内的大陆架约占 5.6%。北部和西部边缘海有宽阔的大陆架，中部深水区域水深多超过 5000 米。边缘浅水区域水深多在 5000 米以上，海盆面积较小。在太平洋的海底还有大量的火山堆，这样就构成了海底复杂的地形。

◎火山与地震

世界上约有 85%的活火山和 80%的地震带集中在太平洋地区，太平洋东岸的美洲科迪勒拉山系和太平洋西缘是世界上火山活动最剧烈的地震带，地震频繁发生，太平洋地区的火山约有 370 多座，素有“太平洋火圈”之称。

◎气候

太平洋主要处在热带和副热带地区，所以形成的气候多为热带和副热带气候，气温随着纬度的增高而逐步递减。太平洋的气候分布的地区差异主要是由于水面洋流及邻近大陆上空的气流影响而形成的。

南北太平洋最冷的月份的平均气温从北回归线到极地为 20 ~ 16℃，中太平洋地区始终保持在 25℃左右，年降水量也比较高。太平洋的海啸是非常著名的，因为它的杀伤力和破坏力都比较高。在寒暖流交汇的过渡地带和西风带，经常会有狂风和汹涌的波涛。太平洋的北部主要是处在冬季，而南部则多处于夏季。在大洋的中部地区则比较平静，夏、冬两季比较明显，终年都适合航行。

◎风带

由于太平洋的面积广阔，且水体均匀，有利于行星风系的形成。尤其是在南太平洋，效果更为突出。北太平洋的情况就不同了，东西两岸形成明显的差距。信风带位于东太平洋南北纬 30°～40° 之间的副热带高气压中心和赤道无风带之间。中纬度地区、西风带和极低东风结合形成了副极低低气压带。两个风带的气温相差很大，在极低东风带形成了十分猛烈的锋面，在冬季表现得比较明显。在西太平洋的菲律宾以东、南海和东海的洋面上，在夏秋季节经常有台风出现，是因为在夏秋两季高温及高湿的条件下形成了超低压中心。才致使常常有台风出现。

在夏季的时候，亚洲大陆的为低气压带，北太平洋的气流向亚洲大陆运动，但是冬季却恰恰相反，于是就形成了广大的季风气候区。不同纬度的地区，海水的含盐度也是不一样的，信风带的含盐度要比赤道低，赤道附近含盐度小于 34，在太平洋最北部的含盐度最低。

◎洋流

太平洋的洋流在信风带的作用下，自东向西运动，就形成了南北赤道暖流。南北赤道之间的中轴线上会产生相反的赤道逆流，从菲律宾的东岸流向厄瓜多尔西岸。北赤道暖流经马六甲海峡，流进日本海。北赤道暖流在菲律宾附近向北逆转，流向日本海的东面，这就是著名的黑潮。黑潮在东经 160° 附近转向东流，被称为北太平洋暖流。北太平洋暖流向东运动，到北美洲西海岸转向南流，称为加利福尼亚寒流。这样就形成了北太平洋环流。白令海海流向南流，被称为堪察加寒流，它流向日本本州岛东面，在北纬 36° 附近与黑潮相遇。南赤道暖流到达所罗门群岛之后向南流，成为东澳暖流，向东转折就卷入了西风漂流，到南美洲西面、南纬 45° 附近分为两支，一支向东经德雷克海峡进入大西洋；另一支折向北流，即秘鲁寒流，这样就形成了我们所熟悉的南太平洋环流。

海洋资源及交通运输

太平洋的海洋资源特别丰富。无论是生长的植物、动物，还是浮游生物、鱼类和矿产资源都比其他的大洋充足。

西太平洋的日本海、鄂霍次克海都是世界上重要的渔场，这两个海洋渔场主要产鲱鱼、鳕鱼、金枪鱼和蟹等。太平洋海底有着丰富的锰结核，海水也可以提取海盐、溴和镁。太平洋的大陆架是世界上石油资源最丰富的地区之一。

◎渔业

太平洋的浅海渔场面积几乎占了世界总浅海渔场面积的一半，海洋的渔获量也占到了世界渔获量的一半以上。中国的舟山群岛、秘鲁、日本、美国、加拿大西北部沿海地区都是世界上著名的渔场。除此之外，太平洋的海兽捕获量也在世界上占有重要地位。

◎矿物资源

太平洋的近海大陆架的石油、天然气、煤的蕴藏量特别丰富，深海盆地蕴藏有丰富的锰结核，在海底，砂锡矿、金红石、锆、钛、铁及铂金砂矿储量也很丰富。所以说，太平洋是世界上的难得的“风水宝地”。

◎航运

太平洋是世界交通运输的重要枢纽，在国际上具有重要意义。世界上许多的海、空航线都经过太平洋，太平洋东部的巴拿马运河是通往大西洋的主要航道，西南部的马六甲海峡是通往印度洋的重要航线。

太平洋的海运航线主要有东亚－北美西海岸航线、东亚－加勒比海（北美东海岸）航线、东亚－南美西海岸航线、东亚沿海航线、东亚－澳大利亚（新西兰）航线，澳大利亚（新西兰）－北美东（西）海岸航线等。太平洋沿岸的港口有很多，也是世界航运重要的停靠点。

纵贯太平洋的180° 经线，在地理学上将其称为“国际日期变更线”。来往的船只如果是由西向东穿越这条线，日期就减去一天；如果是由东向西穿越该线，日期就加上一天。

第09章

大西洋

大西洋位于欧洲、非洲、南极洲、南美洲和北美洲之间，地理位置较为重要。大西洋气候南北差异较大，东西两侧亦有差异。大西洋东西较为狭窄，略呈S形，南北全长约1.6万千米。面积约9336.3万平方千米，占全球海洋面积的25.4%，是世界第二大洋。海洋资源丰富，交通运输业非常发达。

概况

大西洋是世界第二大洋，也是跨纬度最多的大洋。大西洋古称阿特拉斯海，这一名称源自于希腊神话中的一位名叫阿特拉斯的大力神。

◎海洋概况

从地理位置来看，大西洋位于欧洲、非洲与北美洲、南美洲之间。大西洋北接北冰洋，南接南极洲，西南以通过合恩角的经线(西经67°)与太平洋为界，东南以通过厄加勒斯角的经线(东经20°)与印度洋为界。大西洋包括属海的面积为9431.4万平方千米，不包括属海的面积为8655.7万平方千米；包括属海的体积为33271万立方千米，不包括属海的体积为32336.9万立方千米；包括属海的平均深度为3575.4米，不包括属海的平均深度为3735.9米。目前，大西洋已知的最深处为9218米。

英语中大西洋“Atlantic”一词源于希腊语，意思是希腊神话中擎天巨神阿特拉斯之海。按拉丁语，大西洋被称为Mare Atlanticum，希腊语的拉丁化形式为Atlantis。原指地中海直布罗陀海峡至加那利群岛之间的海域，以后泛指整个海域。据有些拉丁语的文献资料显示，大西洋也称为Oceanus Occidentalis，意思是指西方大洋。

古时候，关于大西洋的知识均被记载在托勒密的地图里。1440～1540年间，大西洋上的几乎全部岛屿以及大洋的陆界基本测绘清楚。1819～1821年间，人们发现了南极大陆及其周围的岛屿。1770年，B·富兰克林组织编绘的北大西洋海流图（主要描述了湾流的路径）制版付印。此时，大西洋的岛屿及陆界、海流图都已经被确定下来。

自19世纪以后，人类已经开始进入海洋学的调查研究阶段。在各国组织的调查中，较重要的有英国的“挑战者号”（1872～1876年）、“发现号”(1925～1927年和1929～1938年)、俄国的“勇士号”(1886～1889年)、德国的“羚羊号”（1874～1876年）和“流星号”（1925～1927年）等的考察活动，以及美国海岸及大地测量局对湾流的调查等。这些海洋学调查研究对大西洋的研究有着重要的作用。

20世纪70年代以来，人们对大西洋进行了海－气相互作用联合研究、多边形－中大洋动力学实验、全球大气研究计划大西洋热带实验和法摩斯计划等专题调查和海上现场试验。这样一来，人们对大西洋有了更多的了解和认识。

地理环境

在大西洋的自然环境中，大陆架面积较大是大西洋海底地形的特点之一，大陆架主要分布于欧洲和北美洲沿岸。此外，大西洋自然环境还包括其气候特征。

◎地理位置

大西洋地处欧洲、非洲与南、北美洲和南极洲之间。北以冰岛－法罗岛海丘和威维尔－汤姆森海岭与北冰洋分界，南临南极洲并与太平洋、印度洋南部水域相通；西南以通过南美洲最南端合恩角的经线同太平洋分界，东南以通过南非厄加勒斯角的经线同印度洋分界；西部通过南、北美洲之间的巴拿马运河与太平洋沟通；东部经直布罗陀海峡通往地中海，以苏伊士运河与红海沟通。

大西洋是几个大洋中入海河流流域面积最广的，其流域面积达 4742.3 万平方千米。主要河流有圣劳伦斯河、密西西比河、奥里诺科河、亚马孙河、巴拉那河、刚果河（扎伊尔河）、尼日尔河、卢瓦尔河、莱茵河、易北河以及注入地中海的尼罗河等。由此可见，大西洋的入海河流域面积较大。

从大西洋的风向、洋流、气温等方面来看，通常以北纬 5° 作为南、北大西洋的分界。此外，大西洋的北半球陆界要比南半球陆界长得多，而且海岸曲折，有许多属海和海湾。

◎海底地形

大西洋的平均深度为 3300 米，其最深的地方是波多黎各海沟为 8380 米。大西洋洋底地貌的突出特征是有一条纵贯南北呈 S 形的海岭，宽达 1610 千米，称为大西洋中脊，它是环球海岭（72450 千米）的一个组成部分。中脊两侧海盆平均深度在 4200~6300 米之间。北大西洋有北亚美利加海盆、圭亚那海盆（西侧）、加那利海盆和维德角海盆（东侧）。南大西洋有巴西海盆、阿根廷海盆（西侧）、安哥拉海盆和开普海盆（东侧）。这些海盆充分展现了大西洋的海底地形。

从东西海盆来看，东海盆要比西海盆浅，一般深度不超过 6000 米。我们知道，西海盆较深，深海沟大部分在西海盆内。在南半球，中大西洋海岭主体向东、向西还伸出许多横着的山脊支脉，如伸向非洲西南海岸的沃尔维斯海岭（鲸海岭），伸向南美洲东海岸的里奥格兰德海丘。在中大西洋海岭南端，布韦岛以南是一片水深达 5000 米的地区，被称为大西洋－印度洋海盆。南大西洋最深的地方是南桑威奇海沟，其深度达 8428 米。中大西洋海岭的北端则相反，海底逐渐向上隆起，在格陵兰岛、冰岛、法罗群岛和设得兰群岛之间，海深不到 600 米。在大西洋东部地区，特别是在北半球的热带和亚热带，有许多浅水滩。

气候特征

由于大西洋向南北伸延、赤道横贯中部，所以气候南北对称、气候带齐全。同时受洋流、大气环流、海陆轮廓等因素的影响，各海区之间的气候又有差异。大西洋赤道带属于低气压带，又是南北信风的辐合带。这个地区风力微弱，风向不定，因而又称无风带。

◎大西洋气候特征

由于大西洋赤道带是低气压带，所以上升气流较强盛，多发生对流性云系降水。此地带年降水量多达2000毫米，是大西洋中的多雨带。副热带是高压带，气流以下沉辐散为主，降水稀少，天气晴朗，蒸发旺盛。一般降水量为500~1000毫米。在大西洋高压中心，即大西洋东部亚速尔群岛附近海域，年降水量只有100~250毫米，远远小于蒸发量，因而此地带为大西洋中的干燥带。

从副热带高压带下沉流向赤道低压带的气流称为信风带。北半球为东北信风，南半球为东南信风。信风风向稳定、风力较大（3~4级），成为大西洋中的重要风带，也是大西洋表层洋流形成和维持的动力。从副热带高压下沉流向副极地低压带的气流，称为盛行西风带，是中高纬度强大的行星风带，也是南北纬40°~60°西风漂流形成的动力。此外，西风带还经常与来自极地的冷空气交汇，形成锋面和气旋。在这种锋面和气旋的作用下，就会产生多变的天气和较多的降水，尤其冬季常常有暴风雪，给高纬度海区带来狂风巨浪，严重影响航运和海上渔业、石油工业的生产。北半球60°以北的高纬海区（主要是东部）受暖流和气旋影响，年降水量可达1000毫米左右；相反，在南半球60°以南的海域，由于受干冷空气的影响和没有暖流调剂，其降水量就很少，一般在100~250毫米。

大西洋与太平洋上的气温分布基本相似，都是沿纬度方向延伸，从赤道地区向高纬度地区递减。赤道地区气温最高，年平均气温25~26℃，气温年变化幅度很小（一般不超过3℃）。在南北纬20°附近，最热月气温达25℃左右，最冷月为20℃左右。在南北纬40°附近，北大西洋因受暖流影响，气温高于南大西洋，最热月气温为20℃，南大西洋只有15℃，北大西洋最冷月气温为13℃，而南大西洋为10℃。在南北纬60°附近，北大西洋的暖流增温效应更为明显，最热月气温达10℃，南大西洋则为0℃，北大西洋最冷月气温为0℃，而南大西洋为-10℃。由此可知，北大西洋上的气温要比南大西洋上的气温高。

与此同时，由于大西洋东西沿岸受寒、暖流的影响不同，就会造成南北纬30°间的大洋西部气温高出东部气温约5℃左右。北纬30°以北的大洋东部气温高

巴西大西洋群岛

出西部气温约5～10℃，而南纬30°以南，因陆地变窄、海域宽阔以及西风漂流的影响，大西洋东部和西部之间的气温差异并不是太明显。

大西洋南北气候有较大的差别，东西两侧也有差异。但其气温年较差不大，赤道地区不到1℃，亚热带地区为5℃，北纬和南纬60°地区为10℃，仅大洋西北部和极南部地区超过25℃。大西洋北部盛行东北信风，南部盛行东南信风。温带纬度地区地处寒暖流交界的过渡地带和西风带，风力最大。因此，在南北纬40°～60°之间多有暴风，在北半球的热带纬区5～10月常有飓风。大西洋地区的降水量高纬区为500～1000毫米，中纬区大部分为1000～1500毫米，亚热带和热带纬区从东往西为100～1000毫米以上，赤道地区超过2000毫米。大西洋水面气温在赤道附近平均约为25～27℃，在南北纬30°之间东部比西部冷，在北纬30°以北则相反。由此可知，在大西洋范围内，南、北两半球夏季浮冰可分别到达南、北纬40°左右。

大西洋全年气温变化不是很大，赤道地区年温差不到1℃，副热带年温差为5℃，中纬度地带年温差为10℃，仅在西北部和极南部超过20℃。海水平均温度为17℃，稍低于太平洋。大西洋的含盐度要高于太平洋，平均为35.4。

在北大西洋中，北纬15°～30°之间为副热带高压带，向南为东北信风带。北纬40°～60°之间为盛行西风带。在南大西洋，副热带高压带位于南纬30°附近，盛行西风带从南纬40°几乎延伸到南极洲。在南北纬度5°～20°的大西洋洋面上，每年7～10月多飓风。夏季纽芬兰沿海常有海雾；冬季欧洲大西洋沿岸多海雾；非洲西南沿海四季多雾。由此可见，大西洋洋流南北各形成一个环流。

大西洋的北部环流主要由北赤道暖流、墨西哥湾暖流、加那利寒流组成。南部环流由南赤道暖流。巴西暖流、西风漂流、本吉拉洋流组成。此外，由于墨西哥湾流是大西洋中最大的暖流，所以对欧洲西北部的气候起着明显的调剂作用。

海洋资源

大西洋中的海洋资源相当丰富，主要有矿产资源和水产资源可供人们利用。大西洋是世界第二大洋，其海洋资源也相当丰富。

◎海洋资源

在大西洋中，主要的矿产资源有石油、天然气、煤、铁、重砂矿和锰结核等。大西洋两岸边缘的海盆中有两个油气带，就是西大西洋油气带和东大西洋油气带。

西大西洋油气带主要包括：

1. 在委内瑞拉有两个油田，即马拉开波湖海底油田和特立尼达岛之间的帕里亚湾油田。已探明石油储量 40.2 亿吨，天然气 8624 亿立方米。近几年，帕里亚湾油田的年开采量近 1 亿吨，天然气高达 50 亿立方米。

2. 墨西哥湾海底油田。这个油田主要分布在西南部的坎佩切湾、美国得克萨斯州和路易斯安那州沿海。据 1978 年的探测，坎佩切湾石油储量近 50 亿吨，而美国的墨西哥湾大陆架区石油储量为 20 亿吨，天然气储量为 3600 亿立方米。

东大西洋油气带包括：

1. 北海大陆架油田，据 1977 年的探测，它的储油量超过 40 亿吨，天然气为 3 万亿立方米。近年来石油年产量达 1 亿多吨，天然气年产量近 1000 亿立方米。北海油田的开采极大地改善了北欧国家的能源条件。然而，由于北海海域秋、冬季多风暴且多阴雨，从而给海上钻探、开采带来了很大的困难，同时也提高了采油成本。

2. 几内亚湾的海洋油区主要在尼日利亚，已探明石油储量约为 26 亿吨。此外，在大西洋西岸的加拿大、巴西、阿根廷的近海大陆架也相继发现了油气资源。现在，在近海大陆架油田的部分已经投产。

海底煤炭也是大西洋的重要海洋资源。海底煤炭主要分布在英国东北部苏格兰的近海和加拿大新斯科舍半岛外侧的大陆架中。英国的海底煤炭蕴藏量不少于 5.5 亿吨，每年的开采量达 2000 ~ 2500 万吨。此外，在大西洋海域的西班牙、土耳其、保加利亚、意大利等国沿海海底也有煤储藏。在北美加拿大的纽芬兰岛东侧，人们发现了世界上最大的海底铁矿。据估计，其储量超过 20 亿吨，现已投入开采。波罗的海、芬兰湾的海底也蕴藏着铁矿。大西洋的海底还藏有重砂矿，并且在美国、巴西、阿根廷、挪威、丹麦、西班牙、葡萄牙、塞内加尔等国的海岸外都发现了重砂矿。大西洋深处 4000 ~ 5000 米的海底广泛分布着锰结核，总储量约 1 万亿吨，主要分布在北美海盆和阿根廷海盆的底部。大西洋的矿产资源的富集程度和品质都比不上太平洋和印度洋。

此外，大西洋还有着丰富的生物资源，最主要的是鱼类。大西洋鱼类捕获量约占大西洋中海洋生物捕获量的 90%左右。大西洋的渔获量曾居于世界各大洋第一位。20 世纪 60 年代以后，其渔获量低于太平洋，退居第二位。但是，在单位面积上，其渔获量达 250 千克 / 平方千米，仍居世界第一位。其中捕获量最多的是东北诸海域，即北海、挪威海、冰岛周围，年渔获量约占大西洋总渔获量的 45%，单位面积产量平均达 830 千克 / 平方千米，大陆架区域的产量约 1200 千克 / 平方千米。其次是大西洋西北海域，渔获量占总渔获量的 20%，单位面积平均渔获量为 690 千克 / 平方千米。纽芬兰、美国、加拿大东侧的大陆架海域是世界大洋中单产量最高的渔场，单位面积产量平均达 1500 千克 / 平方千米。

此外，加勒比海、比斯开湾、安哥拉、纳米比亚的沿海地区也是重要的捕鱼区。大西洋靠近南极洲的海域是磷虾和鲸的重要捕获区。大西洋海域捕获的主要鱼类有鲱鱼、北鳕鱼、毛鳞鱼、长尾鳕鱼、比目鱼、金枪鱼、鲑鱼、马古鲽鱼、海鲈鱼等。这些鱼主要分布在大陆架和岛屿附近的陆架区。在开阔水域特别是热带海域还有帆鱼和飞鱼。西欧和北美沿岸地区盛产牡蛎、贻贝、海扇、螯虾和蟹类。目前，大西洋沿海一些国家正在积极发展人工养殖贻贝、沙噀等软体动物。

◎渔业

大西洋的渔业资源也相当丰富，在西北部和东北部的纽芬兰和北海地区为主要渔场，盛产鲱鱼、鳕鱼、沙丁鱼、鲭鱼、毛鳞鱼等，其他还有牡蛎、贻贝、螯虾、蟹类以及各种藻类等。海洋渔获量约占世界总渔获量的 1/3 ~ 2/5 左右。此外，南极大陆附近盛产鲸、海豹和磷虾，海兽的捕获量也相当大。

大西洋上的渔场占世界渔场总数的一半以上。高产区主要在南北美沿岸。纽芬兰渔场地处湾流与拉布拉多洋流汇合处，是世界上产量最高的渔场。由于 20 世纪后半期的过度捕捞，造成几个传统渔场的鱼荒，北大西洋尤为严重，大西洋的渔业也受到严重破坏。

大西洋鲑鱼

交通运输

大西洋在世界航运中占据着极其重要的地位。它西通巴拿马运河，连接太平洋；东穿直布罗陀海峡、经地中海苏伊士运河通向印度洋；北连北冰洋；南接南极海域。其航路四通八达，十分便利。大西洋沿岸几乎都是世界上最发达的地区、经济水平较高的资本主义国家，贸易、经济交往频繁。因此，大西洋在世界环球航运体系中起着重要的枢纽作用。

全世界有2000多个港口，而大西洋沿岸就占3/5，其中不少是世界知名港口。每天在北大西洋航线上的船只平均有4000多艘，拥有世界2/3的货物周转量和3/5的货物吞吐量，是世界航运最发达的大洋。下面是大西洋的5条主要航线：

1. 连接欧洲与北美的北大西洋航线；
2. 连接欧洲与亚洲、大洋洲的远东航线；
3. 连接欧洲与墨西哥湾和加勒比海的中大西洋航线；
4. 连接欧洲与南美的南大西洋航线；
5. 从欧洲沿非洲大西洋岸绕到开普敦的航线。

北大西洋航线是世界上最繁忙的航线，因为世界1/3以上的商船都在这条航线上航行。海运的主要货物是石油和石油制品，其次是铁矿石、谷物、煤炭、铝土及氧化铝等。沿岸主要港口有：欧洲的格但斯克、汉堡、鹿特丹、安特卫普、伦敦、利物浦、勒阿弗尔、马赛、热那亚、的里雅斯特、康斯坦察、敖德萨等；非洲的亚历山大、达尔贝达（卡萨布兰卡）、蒙罗维亚、哈科特港、开普顿等；北美洲的纽约、费城、巴尔的摩、诺福克、坦帕、新奥尔良、休斯敦等；南美洲的马拉开波、图巴兰、里约热内卢、布宜诺斯艾利斯等。其中最著名的鹿特丹海港是世界上最大海港，最高年吞吐量达3亿吨。

第10章

印度洋

印度洋是世界第三大洋，被亚洲、非洲、南极洲和大洋洲大陆包围。印度洋西南以东经 20° 线与大西洋为界，东南以东经 146° 51′ 线为界与太平洋相接。印度洋的面积为 7492 万平方千米，约占世界海洋总面积的 1/5。印度洋的海水深度仅次于太平洋，平均深度为 3897 米。印度洋的自然资源非常丰富，交通位置重要，是联系亚洲、非洲和大洋洲的交通要道。

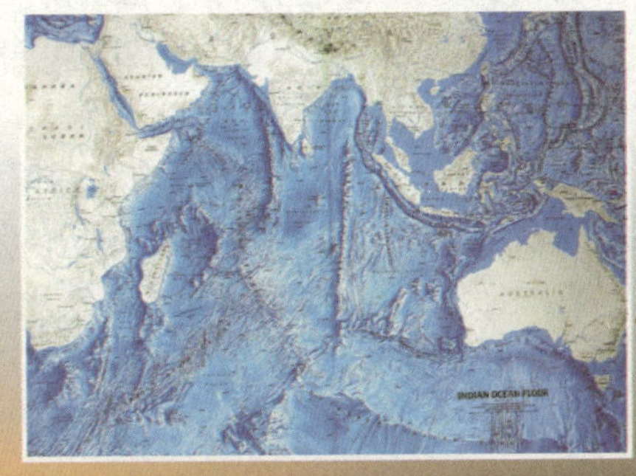

概况

印度洋为地球上第三大洋，被亚洲、非洲、南极洲和大洋洲的大陆所包围。印度洋与太平洋的分界线是位于塔斯马尼亚岛与澳大利亚大陆之间的巴斯海峡。然而，巴斯海峡究竟是划归为太平洋还是印度洋，学者的意见不一。

此外，印度洋东北部的分界线也较难划定。有一些学者认为，它经过澳大利亚和新几内亚岛之间的托雷斯海峡，再由阿迪岛经小巽他群岛（努沙登加拉群岛）和爪哇岛的南部，越巽他海峡至苏门答腊岛；但有的学者认为，阿拉弗拉海和帝汶海应属太平洋，不应划入印度洋。有的学者主张以新加坡为界，有的主张以佩德罗角向东北延伸划界，将马六甲海峡划入太平洋。

◎印度洋概况

印度洋最深的地方位于阿米兰特群岛西侧的阿米兰特海沟，深度为 9074 米。印度洋东、西、南三面海岸陡峭而平直，没有突出的边缘海和内海。与亚洲相邻的印度洋北部，因受亚洲西部和南部岛屿、半岛的分隔，形成许多边缘海、内海、海湾和海峡。安达曼海、阿拉伯海是印度洋中的主要边缘海；孟加拉湾、阿曼湾、亚丁湾是印度洋中主要的海湾；曼德海峡、霍尔木兹海峡、马六甲海峡等是印度洋中的主要海峡。

◎名称由来

印度洋处在亚洲、非洲、大洋洲和南极洲之间，全部水域都在东半球上，是世界上第三大洋。由于印度洋位于印度半岛南面，所以称为印度洋。

在古时候，印度洋称为“厄立特里亚海”。这个名称最早出现在古希腊地理学家希罗多德所著的《历史》一书及其编绘的世界地图中。“厄里特里亚”在希腊文中的原意就是红色，全名意为红海。

“印度洋”这个名称出现的相对晚一些。公元 1 世纪后期，罗马有一位叫彭波尼乌斯·梅拉的地理学家最早使用了“印度洋”这个名称。公元 10 世纪，阿拉伯人伊本·豪卡勒编绘的世界地图上也使用了这个名字。近代正式使用“印度洋”一名则是在 1515 年前后，在当时中欧地图学家舍纳尔编绘的地图上，把这片大洋标注为“东方的印度洋”。在这里，“东方”一词是与大西洋相对而言的。1497 年，葡萄牙航海家达·伽马东航寻找印度，便将沿途所经过的洋面统称为印度洋。1570 年，奥尔太利乌斯编绘的世界地图集中，把“东方的印度洋”一名去掉“东方的”，简化为“印度洋”。“印度洋”这个名字就逐渐被人们接受了，而且还成为了通用的称呼。

地理环境

◎地理特征

印度洋的自然地理特征如下：

第一，印度洋呈水平轮廓，北部封闭，南部敞开。印度洋北部的海岸线较为曲折，而且东、西、南三面海岸陡峭平直。

第二，在印度洋底，展布着较为突出的“入”字形大洋中脊，而且有着特殊的东经 90° 海岭，巨大的水下冲积锥等，构成印度洋复杂的海底地貌特色。

第三，印度洋主要位于赤道带、热带和亚热带范围内，因而被称为热带海洋。

第四，印度洋与亚洲大陆之间交互作用，就形成了世界上特有的季风洋流。

印度洋的属海较少。主要内海有红海和波斯湾；边缘海有西北部的阿拉伯海，东北部的安达曼海，东部的帝汶海和阿拉弗拉海；大海湾有西北部的亚丁湾和阿曼湾，东北部的孟加拉湾，澳大利亚北面的卡奔塔利亚湾、南面的大澳大利亚湾。此外，印度洋在南极洲海域也有一部分属海。

印度洋的海岸线除了北部比较曲折之外，其他大部分都比较平直。大岛有马达加斯加岛、索科特拉岛、斯里兰卡岛，还有塞席尔群岛；火山岛有科摩罗群岛、马斯克林群岛和凯尔盖朗群岛；珊瑚岛有马尔地夫群岛。大陆边缘地带包括大陆架和大陆坡。大陆架一般比较狭窄。大陆架较宽的海域有阿拉伯海、安达曼海、孟加拉湾和大澳大利亚湾，最宽处在澳大利亚至新几内亚岛之间，宽约 965 千米。大陆坡陡峻的地方其坡度大约在 10°～30° 间，一般坡度都较小。在印度河、恒河的入海口处，有面积宽广的水下冲积扇，被水下峡谷所切割。

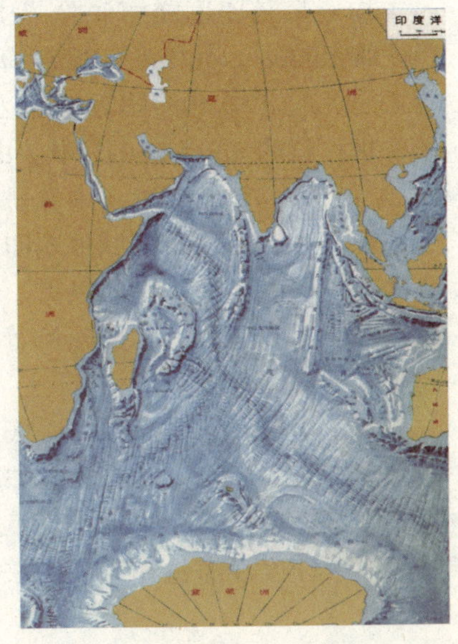

印度洋的岛弧带，从缅甸一直到澳大利亚延伸达 5150 千米。印度洋的岛弧带可分为两列平行的岛链：内弧属火山岛，有大、小巽他群岛（包括苏门答腊岛、爪哇岛、帝汶岛等）；外弧为非火山岛，有安达曼群岛、尼科巴群岛、明打威群岛等。在印度洋的岛弧外缘，其中爪哇海沟是印度洋最深的水域，最深处为 7450 米。

印度洋的中央的海岭可分为 3 支：其一，北支的阿拉伯－印度海岭；其二，西南支的印度洋西南海岭，它与大西洋－印度洋海岭相连；其三，东南支的中印度洋海岭，它与印度洋东南海岭相接。北支海岭和西南支海岭是结构复杂的海底山脉，宽度为 400～970 千米，相对高度为 1830～3050 米，海岭的中脊为裂谷带，地貌极为崎岖险峻；东南支海岭从中印度洋海岭至阿姆斯特丹岛的宽度达 1450 千米，裂谷很少。然而，印度洋中央的这些海岭总被一些大小不一的断裂带所切割。

◎海底地貌

由于印度洋的海底地貌错综复杂，所以除了洋底中部呈“入”字形的大洋中脊外，东部东印度洋海岭和岛弧、海沟带，在海岭、海丘、海台之间分布着许多海盆。印度洋的大洋中脊，包括中印度洋海岭、阿拉伯－印度海岭、西南印度洋海岭和东南印度洋海岭。中印度洋海岭从阿姆斯特丹岛向北延伸，一般高于两侧海盆 1300～2500 米，平均宽度达 800 千米左右。在印度洋海底，由于被一些垂直或斜交的断裂带切断，就形成了表现为时断时续的中脊裂谷。所以，印度洋海岭看上去形态崎岖破碎。

此外，中印度洋海岭向西北地区延伸，进而形成了阿拉伯－印度海岭，高度较大，继续向西北延伸，进入亚丁湾和红海。中印度洋海岭从罗德里格斯岛向西南分出西南印度洋海岭，经爱德华太子群岛，接大西洋－印度洋海岭；中印度洋海岭至圣波尔岛向东南连接东南印度洋海岭，再向东连接太平洋－南极海岭和东太平洋海岭。因此，中印度洋海岭是印度洋海底地貌的显著特征之一。

构造带是印度洋海底除了中脊海岭外的另一种地貌形式。这些构造带相互平行，绵延很远，其中东印度洋海岭走向与东经 0° 线一致，是世界上最直的一条海岭。它北起北纬 10° 附近的安达曼群岛，南至南纬 31° 的断裂海岭，长约 5000 千米，东西宽约 150～250 千米。由于它沿着东经 90° 线分布，故又叫东经 90° 海岭（或卡彭特海岭）。印度洋中脊呈“入”字形，将印度洋分为 3 个海域：

东部海域。这个海域被东印度洋海岭分割，两侧有中印度洋海盆和西澳大利亚海盆。中印度洋海盆南北纵贯，北部为被恒河水下冲积锥所掩盖的斯里兰卡深海平原。西澳大利亚海盆北部连接着深海沟，而东南部则被海岭、海丘和海台分割，形成复杂的海底地貌。

西部海域。这个海域的海底地貌最为复杂，被海岭和岛屿分割，主要分为索马里海盆、莫桑比克海盆和马达加斯加海盆。

南部海域。这个海域的海底地貌比较简单，主要分为 3 个海盆：克罗泽海盆、大西洋－印度洋海盆和南极－东印度洋海盆。

气候特征

热带海洋性气候和季风性气候是印度洋气候的明显特征。由于印度洋大部分位于热带、亚热带范围内，因而其广阔的海域受气温的影响而变化，而气温又随纬度的改变而变化。因此，形成了印度洋的气候特征。

◎印度洋气候的特征

印度洋的气候随温度的分布而改变。印度洋南纬 40° 以北的广大海域全年的平均气温为 15～28℃，有的海域高达 30℃。印度洋的气温要比同纬度的太平洋和大西洋海域的气温高，因而被称为热带海洋。

在印度洋上，气温的分布是随纬度的改变而变化的。在印度洋北部，夏季气温为 25～27℃，冬季气温为 22～23℃，全年平均气温 25℃左右。其中阿拉伯半岛东西两侧的波斯湾和红海一带，夏季气温常达 30℃以上，而索马里沿岸一带最热季节的气温一般不到 25℃。前者与周围干热陆地的烘烤有很大关系。对于后者而言，由于西南风吹走表层海水，使得深层冷水上泛，进而使气温下降。

在印度洋南部，气温也随着纬度的改变而变化。夏季，印度洋南部的气温在南纬 20° 附近为 25～27℃，南纬 30° 附近为 20～22℃，南纬 40° 附近约 15℃，南纬 60° 附近在 0℃左右；冬季，印度洋南部的气温在南纬 20° 附近为 22～23℃，南纬 30° 附近为 15～17℃，南纬 40° 附近为 12～13℃，南纬 60° 附近低达 –10℃。由于温度的分布不均，印度洋的气候也有着很大的变化。

印度洋的气候特征还表现在降水量上。赤道带的降水量最丰富，年降水量在 2000～3000 毫米。此外，降水的季节分配也比较均匀：印度洋北部是热带季风分布区，一般年降水量在 2000 毫米左右，2/3 的降水集中在西南风盛行的夏季，而东北风盛行的冬季，降水量则较少。红海海面和阿拉伯海西部为热带荒漠气候区，全年降水都很少，年降水量约 100～200 毫米。在南印度洋的广大海域中，全年降水一般在 1000 毫米左右。可见，除了赤道带降水较为丰富外，南北印度洋年降水量分配均较为均匀。

按照大气环流的基本特征，印度洋可划分为下列 4 个气候带：

1. 南纬 10° 以北为季风气候。夏季(5～10 月)强劲的西南风从海洋吹向大陆，风速达 12 千米 / 秒；冬季(10 月至翌年 4 月)北风和东北风从亚洲大陆吹向海洋。孟加拉湾和东阿拉伯海的年降雨量在 1016 毫米以上，但西部海域不及 254 毫米，赤道地带平均达 1778 毫米。夏季气温在 25～28℃，但在非洲东北岸由于受到索马里寒流的影响，使得气温降至 23℃；冬季气温北部为 22℃，赤道以南仍在 25～28℃。

2. 南纬 10°～30° 为东南信风带。年降雨量北部为 203 毫米，南部为 102 毫米。北部的夏季平均气温为 25℃，冬季略高；南部的夏季气温为 16～17℃，冬季为 20～22℃。

3. 南纬 30° ～45° 为西风带。全年平均气温向南递减；冬季北部为 20～22℃，南部为 10℃；夏季北部为 16～17℃，南部为 6～7℃。

4. 南纬 45° 以南为副极地气候。夏季(12 月至翌年 2 月)平均气温北部为 6～7℃，靠近大陆为 -16℃；冬季的相应气温在 10～-4℃之间。年降雨量自北向南在 1000～500 毫米之间。

印度洋表层水温受季节影响不大。孟加拉湾为 25℃，南极海域为 -1～0℃。含盐度一般在 32～375 之间，仅在邻近红海及波斯湾的大洋西北海域超过 37‰。南极大陆海岸地带的冰川在 1～2 月时融解、断裂入海，形成冰山，可漂移至南纬 40° 的海域。南纬 10° 以北的洋流的流向在季风的影响下，随着季节而改变。在阿拉伯海，冬季形成逆时针方向环流，夏季形成顺时针方向环流；赤道以南的洋流全年保持稳定。南印度洋的洋流呈逆时针方向环流，主要由南赤道洋流、尼德尔角洋流、南印度洋洋流和西澳大利亚寒流组成。

◎气候形成因素

1. 地理位置

印度洋北部与亚洲相毗邻，因而受到季节的影响，使得海陆热力出现差异，进而造成气压的梯度变化以及气压带和风带的季节性移动，形成世界上显著的热带季风气候。印度洋主体位于北纬 30° 到南纬 40° 之间，获得太阳辐射热量较多，因而气温高。在印度洋北部，由于三面被陆地包围，因而几乎不受寒流的影响。而澳大利亚只向南突出到南纬 35° ，从而使得大洋东岸寒流发育程度和影响范围都较小，这样就加强了北部的热带海洋性气候。

2. 大气环流

印度洋气候最大的影响是气压系统。印度洋上分布的气压主要有：印度低气压、赤道低气压、蒙古高气压和南印度洋副热带高气压。冬季（1 月），在蒙古高气压的影响下，印度洋北部吹东北季风，风向与东北信风一致，这时印度洋北部气温较低而少雨，印度洋南部吹东南信风，东北季风和东南信风在赤道附近相遇，形成强烈多雨的热带辐合带。到了夏季（7 月），由于太阳直射点北移，此时蒙古高气压就被印度低气压所取代，那么来自南印度洋副热带高气压的东南信风，经过高温高湿的赤道海域，进入印度洋北部时转为西南季风。由于受气温升高的影响，降水量也会大大增加。

印度洋的日落

海洋资源

印度洋的海洋资源相当丰富。其中矿产资源主要以石油和天然气为主，还有以锰结核为主的丰富金属矿。此外，印度洋还有丰富的鱼类资源，以飞鱼、鳀鱼、灯笼鱼、金枪鱼、旗鱼、鲨鱼等最有名，还有海龟、海牛、鲸、海豚、海豹等。

印度洋有着丰富的矿产资源，主要以石油和天然气为主。这两种矿产资源主要分布在波斯湾。此外，澳大利亚附近的大陆架、孟加拉湾、红海、阿拉伯海、非洲东部海域及马达加斯加岛附近，都发现有石油和天然气储藏。探明波斯湾海底石油的储量为120亿吨，天然气储量7100亿立方米，油气资源占中东地区已探明总储量的1/4。20世纪60年代以后，波斯湾油气产量大幅度上升，年产石油约2亿吨，天然气约500亿立方米，石油的储量和产量都占世界首位。印度洋海域是世界上最大的海洋石油产区，其石油产量约占海上石油总产量的1/3。

印度洋还有着丰富的金属矿物，以锰结核为主，主要分布在深海盆地底部，其中储量较大的是西澳大利亚海盆和中印度洋海盆。此外，在印度半岛的近海、斯里兰卡周围以及澳大利亚西海域中还发现相当数量的重砂矿。在60年代中期，有人在红海附近发现了含有多种金属矿物的软泥。这种软泥含有氧化物、碳酸盐和硫化物，主要包括铁、锌、铜、铅、银、金等多种金属，其中铁的平均含量是29%，锌的含量最高可达8.9%。红海的金属软泥是具有重要经济价值的海底含金属沉积矿藏。

此外，印度洋上还有丰富的生物资源，主要有各种鱼类、软体动物和海兽。印度洋每年的渔获量约有500万吨。印度洋中以印度半岛沿海捕鱼量最大，主要捕捞的鱼类有鲭鱼、沙丁鱼和比目鱼，非洲南岸还有金枪鱼、飞鱼及海龟等。在近南极大陆的海域里，还有鲤鲸、青鲸和丰瓦洛鲸。此外，波斯湾的巴林群岛、阿拉伯海、斯里兰卡和澳大利亚沿海区域还盛产珍珠。可见，印度洋上有着相当丰富的生物资源。

在公元前1000年的时候，就有古代埃及人、腓尼基人和印度人在印度洋北部海域航行。公元9~15世纪的阿拉伯和波斯文献，对于从东非索法拉港到中国沿途的航线、风向、洋流、海岸、岛屿和港口，都有较详细的记录。1497年，葡萄牙航海家达伽马绕道非洲，横渡印度洋，抵达印度的西海岸。1957~1958年的国际地球物理学年中，由澳大利亚、纽西兰、苏联、法国、日本等国科学家组成的考察队对印度洋作了广泛的科学调查。1960~1965年，许多国家共派出了20余艘海洋考察船组成了国际印度洋考察队，对印度洋作深入的科学研究。

交通运输

从地理位置上看，印度洋是联系亚洲、非洲和大洋洲的交通要道。

◎海洋运输

印度洋航海运输是世界资源运输的重要枢纽。从印度洋往西北通过曼德海峡、红海，经苏伊士运河、地中海和直布罗陀海峡到达西欧；向西南经过好望角进入大西洋，通向欧美沿海各地；向东北经马六甲海峡和龙目海峡进入太平洋。

印度洋沿岸已经成了世界资源的重要出口地。在印度洋沿岸各国出口的石油、矿砂、橡胶、棉花、粮食、进口的水泥、机械产品和化工产品等大宗货物都需要依靠海洋运输。此外，在印度洋上还有大量的过境运输，从而使得印度洋的运输量较大。据相关统计，印度洋拥有世界 1/6 的货物吞吐量和近 1/10 的货物周转量。

印度洋的航运业虽然没有大西洋和太平洋那么发达，但也由于中东地区的石油通过印度洋航线运输，因而在世界上占有重要的地位。

印度洋上运输石油的航线有两条：一条是出波斯湾向西，绕过南非的好望角或者通过红海、苏伊士运河到欧洲和美国。这是世界上最重要的石油运输线；另一条是出波斯湾向东，穿过马六甲海峡或龙目海峡到日本和东亚其他国家。霍尔木兹海峡在印度洋航线上占有重要地位。这是因为波斯湾地区石油出口总量的 90%都是从霍尔木兹海峡运出的，因此霍尔木兹海峡也被称为“石油海峡”。苏伊士运河经马六甲海峡的航线，是印度洋东西间一条最重要的航道。这条航道不仅运输量巨大，而且还将西欧、地中海沿岸各国的经济与远东及北美洲西海岸各国的经济紧密地联系了起来。

综上所述，印度洋在世界交通运输方面占有非常重要的地位。印度洋是沟通亚洲、非洲、欧洲和大洋洲的交通要道。向东通过马六甲海峡可以进入太平洋，向西绕过好望角可达大西洋，向西北通过红海、苏伊士运河，可入地中海。航线主要有亚洲－欧洲航线和南亚－东南亚、南非－大洋洲之间的航线。此外，印度洋的北部海底还分布有很多电缆，重要的线路有亚丁－孟买－马德拉斯－新加坡线；亚丁－科伦坡线；东非沿岸线。另外，塞舌尔群岛的马埃岛、毛里求斯岛和科科斯群岛是主要的海底电缆枢纽站。印度洋沿岸的港口由于终年不冻，因而可以四季通航。

第11章 北冰洋

北冰洋大致以北极为中心，位于北极的四周，与亚欧大陆和北美大陆相邻。尽管它是四大洋中面积最小、海水最浅、温度最低的一个大洋，但它却具有极其重要的战略地位。就海上运输来说，它是欧洲部分地区与远东地区联系的捷径。第二次世界大战后，北冰洋的战略地位显得更加重要，许多国家相继在北冰洋沿岸地区建立了军事基地。

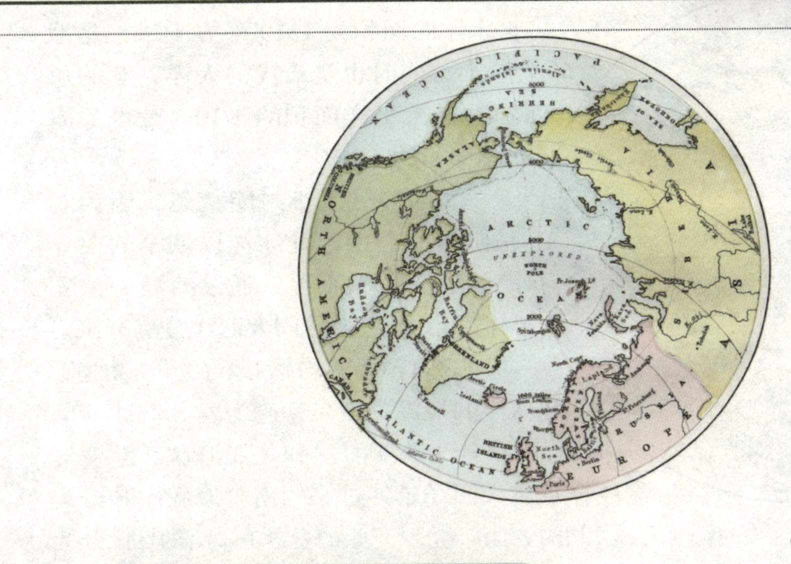

概况

德国地理学家瓦伦纽斯在1650年将大熊星座正对着的海洋划成了独立的大洋，并将其称作北冰洋。北冰洋是四大洋中位置最北的大洋，因为这个地区的气候严寒，海洋表面常年覆盖着冰层，所以人们将其称为北冰洋。

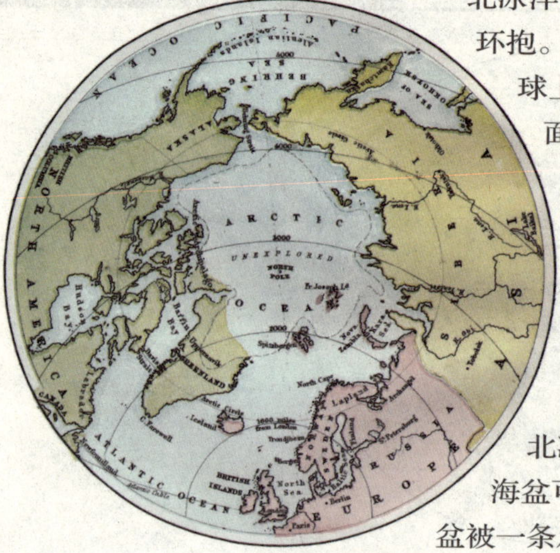

北冰洋以北极为中心，被亚洲、欧洲和北美洲环抱。北冰洋的面积为1310平方千米，是地球上最小，同时也是最浅的大洋，它的总面积约是太平洋面积的1/10，是世界海洋总面积的4.1%。

北冰洋处于半封闭状态，因为它被陆地所包围。北冰洋以狭窄的白令海峡连接着太平洋，通过冰岛－法罗海槛和汤姆逊海岭同大西洋分隔开来。

北冰洋的平均深度约为1200米，北冰洋的最深处就是南森海盆。北冰洋的海盆可以分为欧亚海盆和美亚海盆。欧亚海盆被一条从大西洋延伸过来的南森海底山脉分为南森海盆和非拉姆海盆；美亚海盆被阿尔法山脉分为马卡罗夫海盆和加拿大海北冰洋上空盆。

由于北冰洋独特的气候条件，因此，可以将北冰洋的海水分为三层：表层深200米，由于降水和冰冻等因素，大洋表层的温度变化比较大，高温和低温之间相差4℃；中层深200～900米，温度在1～3℃之间，中层有大西洋流入的海水；底层的温度最低，在0℃以下。

◎地理特点

根据北冰洋的自然地理特点，可以被划分为北极海区和北欧海区。属于北极海区的海峡有：喀啦海海峡、拉普捷夫海海峡、东西伯利亚海海峡、楚科奇海海峡、波弗特海海峡及加拿大北极群岛各海峡；属于北欧海区的海峡有：格陵兰海海峡、挪威海海峡、巴伦支海海峡和白海海峡。

北极圈以北的地区称为北极地区，它主要包括北冰洋沿岸的亚、欧、北美三洲大陆北部及北冰洋中的许多岛屿。北极地区分布着几十个不同的民族，但分布最广的就是因纽特人。

自然环境

◎自然环境

北冰洋地区的海岸线曲折，沿亚洲和北美洲的海岸都有较宽的大陆架。北冰洋的大陆架很发达，最宽的在1200千米以上。

北冰洋的中央横亘着罗蒙诺索夫海岭，从亚洲的新西伯利亚群岛横穿北极直抵北极洲的格陵兰岛北岸。在北冰洋，峰顶一般距水面2000~1000米，但也有个别的峰顶距水面仅有900多米。北冰洋地区经常会有火山和地震活动。北欧海区的东北部为大陆架，西北部为深水区，以格陵兰岛海最深，最深可达5527米。

北冰洋的气候非常寒冷，海洋表面常年被一层厚厚的冰层所覆盖。在北极地区最寒冷的月份，平均气温可达–20~–40℃，即使是在暖季，气温也只是在8℃以下。北冰洋的降水量特别少，年平均降水量仅为75~200毫米，但是格陵兰海的降水量相对要高一些，可达到500毫米。

◎洋流

北冰洋的洋流系统是由挪威暖流、斯匹次卑尔根暖流、北角暖流和东格陵兰寒流组成。北冰洋洋流进入大西洋，在地转偏向力的作用下，水流偏向右方，而格陵兰岛南下的洋流，在地理学上被称为拉布拉多寒流。

◎冰盖与冰川

由于北冰洋的气候寒冷，它最大的水文特点是有长年不化的冰盖，冰盖面积占总面积的2/3左右。其余海面上分布有自东向西漂流的冰山和浮冰，只有巴伦支海地区受北角暖流的影响，常年不受封冻。北冰洋大部分岛屿上遍布冰川和冰盖，北冰洋沿岸地区则多为永冻土带，永冻层厚度可达数百米。

◎极光

许多探险家经常去北极点探险，因为那里每年近6个月都是黑夜，在这段时间，空中经常会有光彩夺目的极光出现。极光一般都是呈带状、弧状或者是放射状，极光最好的观测点是在北纬70°附近。

海洋资源及交通运输

◎海洋资源

在北冰洋的大陆架下有丰富的石油和天然气，沿岸地区则有丰富的煤、铁、磷酸盐、泥炭和有色金属。比如：在伯朝拉河流域、斯瓦尔巴群岛与格陵兰岛上的煤田；科拉半岛上的磷酸盐；阿拉斯加的石油和金矿等。所以说北冰洋是一个矿物质非常丰富的“宝地”。

世界上的石油资源在中东地区分布得比较多，但是，北冰洋海域也有丰富的石油和天然气。科学家们在巴伦支海、白海和喀啦海海底发现了锰结核。美国曾经以低价购买了阿拉斯加，现在已经在该海域的北海湾进行石油开采。虽然北冰洋的气温比较低，但是有的海域有暖流汇入，也是北冰洋重要的渔场，如巴伦支海。

◎海洋生物

虽然北极地区非常寒冷，但是，海洋生物相当丰富，以靠近陆地的地方最多，越深入北冰洋则越少。邻近大西洋边缘地区有面积辽阔的渔区，还有分布茂密的藻类。海洋里的动物有北极熊、海象、海豹、鲸、鲱鱼、鳕鱼等。苔原中多皮毛珍贵的雪兔、北极狐，除此之外还有驯鹿、极犬等。

◎交通运输

北冰洋是联系着亚、欧、美三个大洲的最短航线，所以说，北冰洋的地理位置极其重要。目前，在北冰洋地区已经有了自己固定的航海线和航空线，主要的航线有从摩尔曼斯克至海参崴的北冰洋航线和摩尔曼斯克至斯瓦尔巴群岛、雷克雅维克和伦敦的航线。

北冰洋上的破冰船